精品课程配套教材

21世纪应用型人才培养"十三五"规划教材

"双创"型人才培养优秀教材

U0685365

会计分岗综合模拟实训

KUAIJI FENGANG ZONGHE MONI SHIXUN

主　编　王久霞　马一宁
　　　　李泽岚

副主编　张崇友　刘雁南
　　　　郑建伟　梁海玉
　　　　那　娜

东北大学出版社
Northeastern University Press

ⓒ 王久霞 马一宁 李泽岚 2016

图书在版编目（CIP）数据

会计分岗综合模拟实训 / 王久霞，马一宁，李泽岚
主编. -- 沈阳：东北大学出版社，2016.1
21世纪应用型人才培养"十三五"规划教材
ISBN 978-7-5517-1210-1

Ⅰ. ①会… Ⅱ. ①王… ②马… ③李… Ⅲ. ①会计实
务-高等学校-教材 Ⅳ. ①F233

中国版本图书馆 CIP 数据核字（2016）第 016658 号

出　版　者：东北大学出版社
　　　　　　　地　　址：沈阳市和平区文化街三号巷 11 号
　　　　　　　邮　　编：110819
　　　　　　　电　　话：024-83680267（社务室）　83687331（营销部）
　　　　　　　传　　真：024-83687332（总编室）　83680180（营销部）
　　　　　　　网　　址：http://www.neupress.com
　　　　　　　E-mail：neuph@neupress.com
印　刷　者：北京俊林印刷有限公司
发　行　者：东北大学出版社
幅面尺寸：185mm×260mm
印　　张：21.75
字　　数：440 千字
版　　次：2016 年 1 月第 1 版
印　　次：2016 年 1 月第 1 次印刷
责任编辑：孙　锋
责任校对：刘乃义
封面设计：唐韵设计
责任出版：唐敏志

ISBN 978-7-5517-1210-1　　　　　　　　　　　　　定价：39.00 元

精品课程配套教材 "双创"型人才培养优秀教材 编写委员会

前　言

本书基于会计职业岗位分析、具体会计工作过程的设计理念，将会计学科的内容有机地融入工作过程，开发涵盖企业日常经济活动管理、经济业务核算的教学项目，分岗完成具体工作任务。本书共设计了五个学习情境，可以采取"角色扮演、岗位仿真"的实训形式，也可以采用个人独立实训的形式。通过从建账到日常会计核算、期末会计事项处理，再到编制财务报告全过程的模拟操作，引领学生亲身体验会计主管、出纳、制单、记账等各会计工作岗位之间的业务传递及内部控制关系，使学生掌握填制和审核原始凭证与记账凭证、登记账簿、成本计算和编制财务会计报告的方法，为学生从事实际会计工作奠定基础。

为满足学生按会计岗位进行分工实训的要求，本书分设上下两篇，上篇选取了制造业一个会计年度中具有代表性的 12 月份典型工作任务，选取 100 笔经济业务，并将其原始凭证按照业务的不同起点分布在不同的岗位。下篇为实训指导，对每个实训岗位的操作规范以及每笔经济业务的操作流程均有详细的指导和说明。

本书具有以下特色：

1. 针对性强。根据会计部门内部岗位设置的要求，将理论知识和实际操作技能结合起来组织教学，并有针对性地设计业务，将岗位技能培养分解融于各个操作的具体环节中，通过分组操作，使学生的专业理论知识得以升华，应用技能得以提高。

2. 仿真性强。本书是以一个模拟的工业企业一个月经济业务为对象，学生以一个会计的身份，使用真实的会计凭证、会计账簿、会计报表，按规范化的会计核算要求和内部控制制度规定，处理核算经济业务，并写出财务报告。通过这种仿真的会计实践活动，使学生对会计核算与分析有一个身临其境的感觉。

3. 适应性强。本书按照岗位需求设计经济业务，业务内容体现了新准则、新法规，具有较强的适应性和先进性，使学生能够掌握各个岗位基本操作流程和技能，为学生在企业顶岗实习和从事实际会计工作打下良好的基础。

本书是会计专业的实训教材、也可作财务管理、审计、投资理财、财政、税收专业，以及管理类其他专业学生学习财务会计的教材。

本书由王久霞、马一宁、李泽岚担任主编。全书由李泽岚总纂。具体分工为：上篇情景一、情景二、情景三由王久霞编写，上篇情景四、情景五由李泽岚编写，下篇第一部分、第二部分由马一宁、张崇友编写，第三部分由梁海玉编写，第四部分、第五部分由刘雁南、郑建伟、那娜编写。

　　本书在编写过程中，得到了专家的指导和帮助，在此表示感谢！

　　由于时间仓促，编者水平有限，不足之处在所难免，恳请读者、专家批评指正。

编　者

目录
Contents

上篇　会计分岗实训资料

下篇　会计分岗实训指导

上 篇

会计分岗实训资料

学习情境一　会计岗位认知

1.1　实训的目的

会计分岗实训是让学生在仿真环境中扮演实际角色，模拟企业会计业务，完成专业操作的一种实践活动。通过分岗实训，旨在加深学生对会计理论知识的理解，感受专业角色，掌握企业经济业务的会计处理方法和账务处理程序；明确各个会计岗位的工作任务和工作流程，熟悉办理会计工作交接的手续；提高综合岗位技能，具备良好的团队精神和协作能力，提高实际会计工作的岗位适应力，为走上实际会计岗位打下良好的基础。

1.2　实训的内容与操作要求

本课程采集了制造企业一个月的典型业务资料作为实训内容，共 100 笔经济业务，同时，按照会计工作基本过程中岗位技能训练的要求，设计了企业会计工作岗位的典型工作任务，如建立各种账簿，填制、审核原始凭证和记账凭证，登记账簿，成本计算，财产清查，编制会计报表，会计档案整理与归档，纳税申报等。

为取得较好的实训效果，要求采用"角色扮演、岗位仿真"的实验教学模式。整个实训需营造出企业内部和企业外部两个环境，分别作为主体企业和客体企业。内部环境的营造是按照会计工作要求，将 4~5 名学生分为一组，组成一个虚拟公司的财务部，并进行岗位分工，分别担任会计主管、出纳、制单会计和记账会计。外部环境的营造，由学生、教师分别扮演外部企业、银行、税务和企业内部有关部门。并经过 4 次轮换，每个学生依次扮演不同角色，按照规定程序处理会计业务。实训学生要以一名新会计人员的身份参与其中，并要熟悉会计的基本工作流程，熟练运用会计基本技能、方法，按照会计基础工作规范、企业会计准则以及企业内部控制制度的要求，认真履行岗位职责，正确办理业务手续，准确传递会计凭证，做到既分工又协作，不断提高处理会计事项的能力，及时完成各项操作任务。

1.3 会计岗位职责与基本工作流程

一、会计岗位职责

由于各单位规模不同、经济业务不同，岗位设置也会不同，即使岗位设置相同，各岗位职责也会有所差异，因此，需要学生在实际工作中灵活掌握。本实训主要设置了会计主管、出纳、制单会计、记账会计四个会计岗位，分别承担财务部门的不同工作。

（一）会计主管

会计主管承担会计机构负责人或会计主管岗位工作，同时还负责会计稽核、总账报表和会计档案管理等工作。具体包括以下工作任务：

1. 承担小组的领导组织工作。
2. 负责总账的建立和登记工作。
3. 负责各种原始凭证、记账凭证的审核。
4. 负责开具增值税专用发票。
5. 负责编制资产负债表。
6. 负责保管发票专用章、财务专用章。
7. 负责财务分析工作。
8. 负责会计档案保管。

（二）出纳

1. 负责保管库存现金、有价证券和法人代表章（名章）。
2. 负责保管空白票据及支票。
3. 负责登记银行结算票据、有价证券和借款等备查簿的登记。
4. 负责办理货币资金收付手续，填写银行结算票据。
5. 负责登记现金日记账和银行存款日记账。
6. 负责编制工资结算表和工资结算汇总表。
7. 负责交纳各种税费、社会保险费。
8. 负责编制现金流量表。

（三）制单会计

1. 负责编制记账凭证。
2. 负责编制科目汇总表。
3. 与记账会计共同负责编制利润表、所有者权益变动表。

（四）记账会计

1. 负责登记各种明细账。
2. 负责材料成本差异计算。
3. 负责固定资产折旧、无形资产摊销的计算。

4. 负责财产清查结果的处理。

5. 负责费用的归集、分配和产品成本的计算。

6. 负责产品销售成本的计算。

7. 负责财务成果的计算。

8. 负责利润分配的处理。

9. 与制单会计共同负责编制利润表、所有者权益变动表。

10. 负责编制各种税收申报表和社会保险申报表。

二、基本工作流程

（一）建账

1. 会计主管负责建立总分类账。

2. 出纳负责建立现金日记账、银行存款日记账。

3. 记账会计负责建立各种明细账。

在计算机方式下，会计主管和出纳负责建账操作。

（二）审核原始凭证

1. 会计主管接到外来或自制原始凭证或原始凭证汇总表时，应对其合法性、合理性和合规性进行审核，同时签署审核意见。

2. 将审核后的原始凭证传递给制单会计。

（三）编制记账凭证

1. 制单会计根据审核无误的原始凭证及期末账项调整数据编制记账凭证，并在"制单"处签名或盖章。

2. 制单会计将填制完成的记账凭证及所附原始凭证传递给会计主管审核。

（四）审核记账凭证

1. 会计主管接到制单会计转来的记账凭证及附件，应认真审核其会计科目的正确性、金额的准确性，经审核无误后，在记账凭证的"审核"处签名或盖章，以示负责。

2. 会计主管将审核后的记账凭证传回制单会计。

3. 制单会计将审核后的记账凭证传递给出纳。

（五）登记日记账

1. 出纳根据收付款记账凭证登记现金日记账和银行存款日记账，然后在记账凭证"出纳"处签名或盖章。

2. 出纳将记账凭证及附件传递给记账会计。

（六）登记明细账

1. 记账会计接到出纳转来的记账凭证逐笔登记有关明细账。

2. 完成登账工作后，在记账凭证的"√"栏内注明记账符号，并在"记账"处签名或盖章。

3. 将完成记账工作的记账凭证转给制单会计。

（七）汇总、登记总账

1. 制单会计定期（10 天）根据记账凭证汇总，编制科目汇总表。

2. 将科目汇总表传给会计主管。

3. 会计主管根据科目汇总表登记总账。

（八）期末对账

会计主管、记账会计、出纳分别对总账、明细账、日记账进行核对，检查是否相符。

（九）期末结账

1. 会计主管对总账试算平衡，编制试算平衡表。

2. 会计主管、出纳、记账会计分别对所管理的账簿进行结账。

（十）编制会计报表

1. 会计主管编制资产负债表。

2. 制单会计与记账会计编制利润表、所有者权益变动表等。

3. 出纳编制现金流量表。

（十一）审核会计报表

由会计主管审核所有会计报表，并签名。

（十二）会计档案管理

1. 制单会计负责整理、装订记账凭证。

2. 记账会计负责整理、装订明细账。

3. 会计主管负责整理装订会计报表。

4. 会计主管收集会计档案资料，负责上交。

学习情境二　模拟企业认知

2.1　模拟企业组织机构

一、企业基本情况

1. 企业名称：华光有限责任公司
2. 注册地址：凤山市复兴路 25 号
3. 法人代表：方圆
4. 注册资金：2000 万元
5. 联系电话：13878002333
6. 纳税人登记号：030218001231818
7. 纳税人类别：一般纳税人
8. 记账本位币：人民币
9. 行　　　业：制造业
10. 企业类型：有限责任公司
11. 经营范围：生产、销售空压机及零部件

二、机构设置

该公司设董事会、办公室、人力资源部、质检部、财务部等管理部门。设三个基本生产车间：铸造车间、金工车间、装配车间，从事产品生产。设一个辅助生产车间——机修车间，负责生产车间及其他部门的机修。设采购部，负责原材料的采购和材料库的管理工作。设销售部，负责产品的销售及半成品仓库和产成品仓库的管理工作。其他情况从略。

2.2　模拟企业会计制度

一、货币资金核算

1. 库存现金。库存现金实行限额管理，核定的库存现金限额为 3000 元。现金的使用范围按照《现金管理暂行条例》的规定执行。

2. 银行存款。公司银行存款只设基本存款账户。开户行为中国工商银行凤山支行，账号：610028-22。

3. 其他货币资金。本公司在建行开设存出投资款账户，其款项用于购买股票、债券等。账号：302287961。

4. 用款审批制度。单位有关部门或个人用款，应填制"付款申请单"，向审批人提交货币资金支付申请，并附有相关证明。单位有关部门或个人进行费用报销时，应填写"费用报销审批单"，审批人根据其职责和审批权限在"费用报销审批单，上进行审批。3000元以内由主管财务副总审批，超过3000元的由总经理审批。

5. 货币资金清查制度。每日终了，出纳对库存现金进行实地盘点，确保现金账面余额与实际库存相符，做到日清月结。银行存款每月根据银行对账单进行核对清查。月末编制"银行存款余额调节表"，并与总账核对。

二、应收款项核算

1. 应收票据：设立总账和辅助明细账，按照客户分类；还须设立辅助台账，记载出票单位、出票日期、到期日、面值、贴现日期、贴现息等。公司原则上不允许收取商业承兑汇票。

2. 应收账款：须按照客户设立明细账。

3. 坏账准备：公司经减值测试，年末按应收账款余额的5‰计提坏账准备。发生的各种坏账，应查明原因，明确责任，并在履行规定的审批程序后做出账务处理。注销的坏账应当进行备查登记，做到账销案存。各项其他应收款不计提坏账准备。

三、存货核算

1. 原材料、周转材料（低值易耗品）的日常核算，采用按计划成本计价核算的方法。各种材料和低值易耗品的计划价格如表2-1、表2-2所示。

表2-1   低值易耗品价格目录

类　别	物品名称	计量单位	计划单价/元
生产用具	量具	件	60
	刀具	件	80
劳保用品	工作服	套	350
	安全帽	顶	150

表2-2   原材料价格目录

材料类别	材料名称	计量单位	计划单价/元
主要材料类	生铁	吨	1 000
	铝材	吨	9 000
辅助材料类	油漆	公斤	40
	润滑油	公斤	60

续表

材料类别	材料名称	计量单位	计划单价/元
外购件类	铜件	件	2
	标准件	套	6
	纸箱	个	4
燃料类	煤	吨	180
	柴油	公斤	5

材料采购、材料成本差异按原材料、周转材料设置明细分类账户。

材料明细分类核算，为减少日常核算工作量，只设材料二级账户进行金额核算（略去材料三级账，视为账卡合一，三级账设在仓库）。

实训中，对本月收入材料的成本差异采用月末一次结转；领用、销售材料业务，于月末根据领料单编制发料凭证汇总表，计算结转其计划成本和材料成本差异。

2. 自制半成品、产成品等其他存货采用实际成本计价核算，采用账卡分设，财会部门按品种、规格等设置明细账，进行数量金额核算。

月末根据入库凭证和成本计算单计算编制"产成品入库汇总表"，并制证记账。根据出库单和月末一次加权平均法计算编制"自制半成品发出汇总表"和"产成品发出汇总表"。

3. 低值易耗品采用一次摊销法。

4. 委托代销商品：本企业委托其他单位代销商品，按成本记账，同时采用支付手续费形式支付代销款。

四、固定资产核算

1. 企业将固定资产按经济用途、使用情况综合分类为：

（1）房屋及建筑物；

（2）机器设备；

（3）管理设备；

（4）运输工具。

2. 企业对固定资产的核算按以上分类设二级科目进行明细核算。

3. 固定资产采用平均年限法计提折旧。折旧年限和折旧率如表2-3所示。

表2-3   各类固定资产折旧年限、折旧率一览表

类　　别	折旧年限	月折旧率
房屋及建筑物	20 年	0.4%
机器设备	10 年	0.8%
管理设备	3 年	2.64%
运输工具	4 年	1.98%

固定资产按月提取折旧，当月增加的固定资产，从下月起计提折旧；当月减少的固定资产，从下月起停提折旧。

4. 购入的固定资产若单位价值不超过 5 000 元，一次计入成本费用。

5. 固定资产的中小修理费用，直接计入当月有关费用。

五、无形资产核算

使用寿命有限的无形资产通常其残值视为零，应当自可供使用的当月开始摊销，处理当月不再摊销。本企业对无形资产的摊销采用直线法。

六、成本费用核算

（一）产品生产工艺流程

企业分设三个车间，其中铸造车间生产铁铸件和铝铸件两种产品，完工后入半成品库。金工车间生产空压机，初次加工时从仓库领用铁铸件和铝铸件，完工后直接转入装配车间进行组装。装配车间将转入的空压机及外购件组装成产成品入库待销售。产品生产工艺流程如图 2-1 所示。

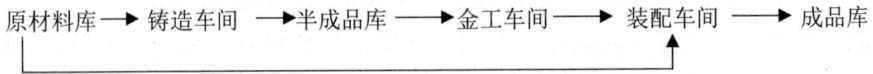

原材料库 ⟶ 铸造车间 ⟶ 半成品库 ⟶ 金工车间 ⟶ 装配车间 ⟶ 成品库

图 2-1　产品生产工艺流程

（二）成本费用核算

1. 铸造车间以铁铸件和铝铸件作为成本计算对象，半成品成本采用逐步综合成本结转。

2. 金工车间和装配车间以空压机作为成本计算对象，并采用逐步结转分步法结转成本。

3. 成本明细账按成本计算对象设置，账内按半成品、直接材料、直接人工、制造费用设置成本项目，归集生产费用。

4. 各基本生产车间月末采用约当产量法将生产费用在完工产品与在产品之间进行分配，计算产品成本。原材料（半成品）在生产开始时一次投入，完工产品和月末在产品均视同完工程度为 100% 参与材料费用的分配。直接人工费和制造费用等加工费用均按 50% 的完工程度计算分配月末在产品的直接人工费和制造费用。

5. 各车间均设置制造费用明细账，并按费用项目进行归集。铸造车间月末应按生产工时分配制造费用。金工车间、装配车间的制造费用直接转入基本生产成本明细账。

6. 辅助生产车间应按车间名称设置明细账户，并按成本项目归集费用。日常发生的间接费用不通过"制造费用"账户核算，直接计入"辅助生产成本"账户。月终采用直接分配法分配辅助生产费用。

7. 期间费用包括管理费用、销售费用和财务费用的核算，可采用多栏式账簿进行核算。

七、税费核算

（一）增值税

1. 企业为一般纳税人。

2. 企业增值税率为 17%，但支付水费和暖气费的增值税率为 11%。

3. 企业支付的运输费用取得相关发票后，按 11% 的扣除率计算进项税额准予扣除。

（二）城市建设维护税

1. 计税金额：以企业实际缴纳的增值税、营业税、消费税的税额为计征依据。

2. 税率: 7%。

(三) 教育费附加

1. 计税金额: 以企业实际缴纳的增值税、营业税、消费税的税额为计征依据。

2. 税率: 3%。

(四) 地方教育费附加

1. 计税金额: 以企业实际缴纳的增值税、营业税、消费税的税额为计征依据。

2. 税率: 2%。

(五) 企业所得税

该企业所得税税率为25%。采用按年计算、分月按实际数预缴的方式申报缴纳所得税。

(六) 印花税

企业所负担的印花税等根据国家税法规定计算缴纳。

八、利润及利润分配核算

1. 按月计算利润。全年采用账结法。

2. 当期实现的净利润,加上年初未分配的利润(或减去年初未弥补亏损)和其他转入后的余额,为可供分配的利润。公司当期实现的净利润首先要弥补以前年度亏损,在提取10%的法定盈余公积金、5%的公益金后,按可供分配利润的50%向投资者分配,分配依据为各方的出资比例。

学习情境三 初始建账

3.1 建账要求

一、建账分工

会计主管：建立总分类账；

出纳：建立现金日记账、银行存款日记账；

记账会计：建立其他明细分类账、备查账。

二、建账要求

（一）启用账簿

启用会计账簿时，应当在账簿封面上写明单位名称和账簿名称，在账簿扉页上附启用表，按规定编排页码并编制账户目录。

会计启用表的主要内容包括：启用日期、账簿页数、记账人员和会计机构负责人、会计主管人员姓名，并加盖名章和单位公章。记账人员或者会计机构负责人、会计主管人员调动工作时，应当注明交接日期、接办人员或者监交人员姓名，并由交接双方人员签名或盖章。

（二）建立账簿

1. 建立总分类账

总分类账（简称总账）是根据总分类科目开设的，登记全部经济业务的账簿。根据《企业会计制度》的要求，一切独立核算的企业都必须开设总账，公司所使用的会计科目应按照《企业会计制度》的统一要求设置。

总账应采用订本账，账页格式为三栏式。

2. 建立日记账

日记账是按照经济业务发生或完成时间的先后顺序逐日逐笔进行登记的账簿。根据《企业会计制度》规定，一切独立核算的企业都必须开设现金日记账和银行存款日记账，其中银行存款日记账应按开户银行名称和账号设置。

日记账应采用订本账，账页格式为三栏式。

3. 建立明细账

（1）建立三栏式明细账。三栏式明细账的格式与三栏式总账相同，使用"借方""贷方""余额"三栏式账页，适用于只需进行金额核算，不需进行实物数量核算的账户。

应开设三栏式明细账的账户详见下篇实训指导。

（2）建立数量金额式明细账。数量金额式明细账账页，采用"借方""贷方""结存"三栏式的基本结构，但在每栏下面又分别设置"数量""单价""金额"三个小栏目。这种格式适用于既需要进行金额核算，又需要进行具体的实物数量核算的各种财产物资账户。

应开设数量金额式明细账的账户有"自制半成品""库存商品"。

（3）建立多栏式明细账。多栏式明细账是根据经济业务的特点和经营管理的需要，在借方、贷方或其中某一方增设若干分析栏目，所以又称分析性明细账。具体又有借贷式和合计式两种。无论是借贷式还是合计式多栏明细账，建账方法都是相同的。

借贷式多栏明细账主要适用于资产、负债、所有者权益类账户，其格式是在借、贷、余三方各设专栏，以起到分析、控制作用。

应开设借贷式多栏明细账的账户主要是"应交税费—应交增值税"。建立该账时，借方分析栏设置"进项税额""已交税金""转出未交增值税"等栏目，贷方分析栏设置"销项税额""进项税额转出"等栏目。

合计式多栏明细账主要适用于成本类、损益类账户，其特点是对账户核算的内容列示出进一步分类的项目，如"管理费用"明细账。

应开设合计式多栏明细账的账户有"材料采购""生产成本""制造费用""销售费用""管理费用""财务费用"等。

3.2 初始建账资料

一、总账和明细账期初余额

公司有关账户年初余额、1~11 月份累计发生额及 11 月末余额如表 3-1~表 3-5 所示。

表3-1

年初余额,1~11月份累计发生额及11月末余额表

账户名称	总账年初余额 借方	贷方	总账1~11月份累计发生额 借方	贷方	总账、明细账11月末余额 总账 借方	贷方	明细账 借方	贷方
库存现金	3 000		56 120.30	56 120.30	3 000		3 000	
银行存款	2 653 582.84		7 982 228.66	8 123 855	2 511 956.50		2 511 956.50	
其他货币资金	100 000			18 400	81 600			
存出投资款							81 600	
交易性金融资产	120 000			100 000	100 000			
股票投资—成本			80 000				100 000	
应收票据	552 600		199 300	652 600	99 300			
天津一汽							80 000	
沈阳汽车厂							19 300	
应收账款	927 507.53		123 500	909 107.53	141 900			
长春一汽							44 640	
红星汽车厂							60 460	
洛阳拖拉机厂							18 400	
光明设备厂							18 400	
坏账准备		4 637.53	4 020.03			617.50		617.50
预付账款	24 675			19675	5 000			
大同煤矿			5 000				5 000	
其他应收款	13 500		5 000	15 000	3 500			
江军							2 000	

14

续表3-1

账户名称	总账年初余额 借方	总账年初余额 贷方	总账1~11月份累计余额 借方	总账1~11月份累计余额 贷方	总账、明细账11月份余额 总账 借方	总账、明细账11月份余额 总账 贷方	总账、明细账11月份余额 明细账 借方	总账、明细账11月份余额 明细账 贷方
周明							1 500	
原材料	551 692.40		2 430 000	972 192.40	2 009 500		1 900 000	
主要材料							1 900 000	
辅助材料							31 000	
外购件							60 000	
燃料							18 500	
周转材料	68 961		80 000	15 961	133 000		73 000	
生产工具							73 000	
劳保用品				120 000			60 000	
◎材料采购			120 000					
原材料								
◎材料成本差异	3 104		30 649.50	4 941	28 812.50		30 142.50	
原材料								
周转材料								1 330
◎自制半成品	275 846		1 540 000	455 846	1 360 000			
◎库存商品	344 808		1 919 192	1 000 000	1 264 000			
发出商品	24 480.60		65 000	10 480.60	79 000			
四通公司							79 000	
固定资产	17779763.50			1 391 697.34	16 388 066.16			

续表3-1

账户名称	总账年初余额 借方	总账年初余额 贷方	总账1~11月份累计余额 借方	总账1~11月份累计余额 贷方	总账、明细账11月份余额 总账 借方	总账、明细账11月份余额 总账 贷方	总账、明细账11月份余额 明细账 借方	总账、明细账11月份余额 明细账 贷方
房屋类							7 143 066.16	
机器设备类							6 395 000	
运输设备类							850 000	
管理设备类							2 000 000	
累计折旧		1 527 694.50	1 349 946.40	1 366 680.90		1 544 429		1 544 429
在建工程	358 000		50 000	357 250				
水塔建造工程					50 750		50 750	
固定资产清理	85 142.13			82 342.13				
报废固定资产					2 800		2 800	
无形资产	154 270				154 270			
商标权							22 270	
专利权							132 000	
累计摊销		3 912.13		19 207.87		23 120		
专利权								23 120
持有至到期投资	525 000			525 000				
短期借款		1 634 500	134 500	1 000 000				
工商银行						2 500 000		2 500 000
应付票据		520 310	492 110	10 000		38 200		
武汉钼厂								18 200

续表3-1

账户名称	总账年初余额 借方	总账年初余额 贷方	总账1~11月份累计余额 借方	总账1~11月份累计余额 贷方	总账、明细账11月份余额 总账 借方	总账、明细账11月份余额 总账 贷方	总账、明细账11月份余额 明细账 借方	总账、明细账11月份余额 明细账 贷方
迁安铁厂								20 000
应付账款		347 604	418 204	100 000		29 400		19 400
首都钢厂								
邯郸钢铁集团								10 000
预收账款						10 000		10 000
唐海农机制造厂								
应付职工薪酬		45 347.50	917 847.50	959 750		87 250		16 050
职工福利								3 000
工会经费								4 200
职工教育经费								16 000
住房公积金								16 000
养老保险								32 000
医疗保险								12 800
失业保险								3 200
其他应付款		28 138	348 138	352 000		32 000		16 000
住房公积金								11 200
养老保险								3 200
医疗保险								1 600
失业保险								

续表3-1

账户名称	总账年初余额		总账1~11月份累计余额		总账、明细账11月份余额			
					总账		明细账	
	借方	贷方	借方	贷方	借方	贷方	借方	贷方
应交税费								
未交增值税		26 141.50	305 230.20	306 997.57		27 908.87		15 026.88
应交所得税								11 078.76
应交城建税								1 051.88
应交教育费附加								450.81
地方教育费附加								300.54
应付利息		9 500		9 500		9 500		
工商银行								9 500
应付债券		434 948	231 256.05			203 691.95		
债券面值								200 000
利息调整								3 691.95
实收资本		20 000 000				20 000 000		
国家资本								12 000 000
佳丽公司								8 000 000
资本公积		29 000				29 000		29 000
盈余公积		48 304.85				48 304.85		
法定盈余公积								33 805
公益金								14 499.85
本年利润				234 500		234 500		234 500

续表3-1

账户名称	总账年初余额		总账1~11月份累计余额		总账、明细账11月份余额			
					总账		明细账	
	借　方	贷　方	借　方	贷　方	借　方	贷　方	借　方	贷　方
利润分配								
未分配利润		25 732.99		25 732.99		25 732.99		25 732.99
◎生产成本	110 338		2 236 054	1 919 192	427 200			
◎制造费用			186 200	186 200				
主营业务收入			2 000 000	2 000 000				
其他业务收入			814 700	814 700				
投资收益			8 000	8 000				
营业外收入			45 000	45 000				
主营业务成本			1 000 000	1 000 000				
其他业务成本			578 000	578 000				
营业税金及附加			337 764	337 764				
◎销售费用			241 836	241 836				
◎管理费用			182 000	182 000				
◎财务费用			152 000	152 000				
资产减值损失								
营业外支出			36 000	36 000				
所得税费用			105 600	105 600				
合计	24 676 271	24 676 271	26 805 396.64	26 805 396.64	24 843 655.16	24 843 655.16	24 843 655.16	24 843 655.16

注:表内会计科目前有"◎"标记的,建立明细账时应采用多栏式、数量金额式和专用格式的账页。

19

表 3-2　　　　　　　　　　　　　　　　自制半成品期初余额表

产品名称	计量单位	数量	单位成本	余　额
铁铸件	吨	260	1 000	260 000
铝铸件	吨	200	5 500	1 100 000
合计	—	—	—	1 360 000

表 3-3　　　　　　　　　　　　　　　　库存商品期初余额表

产品名称	计量单位	数量	单位成本	余　额
空压机	台	8 000	158	1 264 000
合　计				1 264 000

表 3-4　　　　　　　　　　　　　　材料成本差异明细账期初余额表

明细账户	余　　　额		
	计划成本	借差（超支）	贷差（节约）
原材料	2 009 500	30 142.50	
周转材料	133 000		1 330
合　计			

表 3-5　　　　　　　　　　　　　　基本生产成本明细账期初余额表

车间名称	产品名称	自制半成品	直接材料	直接工资	制造费用	合　计
金工车间	空压机	109 008	27 252	30 360	15 540	182 160
装配车间	空压机	100 058	42 882	40 840	61 260	245 040
合　计		209 066	70 134	71 200	76 800	427 200

二、费用明细账的项目设置

1. 制造费用明细账。可以设置财产保险费、物料消耗、水电费、职工薪酬、折旧费、修理费、低值易耗品摊销、其他费用等费用项目。

2. 管理费用明细账。可以设置差旅费、办公费、业务招待费、劳动保险费、职工薪酬、工会经费、折旧费、修理费、水电费、坏账损失、无形资产摊销、财产保险费、其他费用等费用项目。

3. 销售费用明细账。可以设置广告费、展览费、差旅费、工资及福利费、其他费用等费用项目。

4. 财务费用明细账。可以设置利息支出、手续费等费用项目。

学习情境四 经济业务核算

4.1 账务处理基本流程

实训采用科目汇总表账务处理程序，其基本流程如图4-1所示。

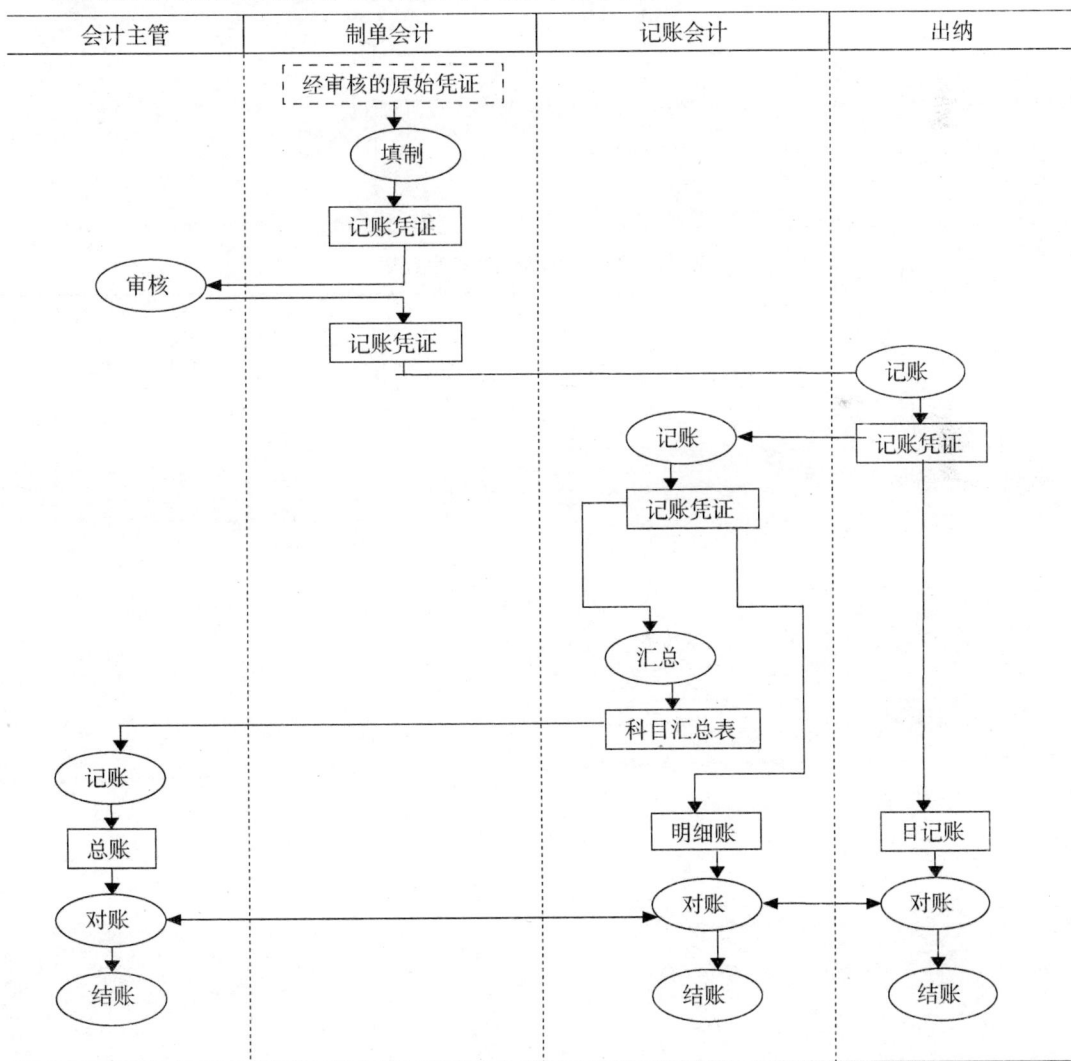

图4-1 账务处理基本流程图

4.2 各岗位起点业务资料

　　以下是华光有限责任公司20××年12月份各岗位发生经济业务的相关原始凭证以及内容提要，包括外来原始凭证和部分已填制完成的内部原始凭证。但也有一部分经济业务的原始凭证需要各岗位按照业务内容自行填制完成，并按规定的程序进行传递和会计处理。

　　该公司12月份共发生100笔经济业务，业务序号已在业务起点表和原始凭证前做了标注。全部业务的文字提示可参见下篇实训指导。

出纳岗位　起点业务明细表

日期	业务编号	业务内容	备　注
1	1	提　现	填制支票付款申请单报批 填制现金支票
1	2	申请银行汇票	办理过程略，直接传递银行汇票申请书
3	9	购入国库券	填制支票付款申请单报批 填制转账支票
12	37	提　现	填制支票付款申请单报批 填制现金支票
15	47	发放职工工资	填制支票付款申请单 填制现金支票

业务 2

中国工商银行汇票申请书（存根）1

申请日期　20　年 12 月 1 日　　　　　　　　第 2101 号

申请人	华光有限责任公司		收款人	承德配件厂							
账　号或地址	610028-22		账　号或地址	60037876							
兑付地点	河北省承德市×县	兑付行	工行	汇款用途	购标准件						
人民币（大写）壹拾伍万元整					千	百	十	万	千	百	十	元	角	分
					¥	1	5	0	0	0	0	0	0

中国工商银行
工行 20 .12.1
转讫

会计主管签字：　　　　　　　　　　　　　　　　科　目＿＿＿＿＿＿＿
　　　　　　　　　　　　　　　　　　　　　　　　对方科目＿＿＿＿＿＿＿

业务 9

专 用 收 款 收 据

20　年 12 月 3 日　　　　　　　　№00056

交款单位	华光有限责任公司										
人 民 币（大写）　壹拾万元整			千	百	十	万	千	百	十	元	角	分
				¥	1	0	0	0	0	0	0	0
收 款 事 由	三年期国债										
单位主管　　会计　　复核　　记账			中国工商银行收款人开户银行盖章 结算专用章								

25

业务 47

<h2 align="center">工资结算汇总表（简表）</h2>

20　年 12 月 15 日

部　　门		应付工资	代　扣　款　项					实发工资
			养老保险	失业保险	医疗保险	住房公积金	小　计	
铸造车间	生产工人	32 800	2 296	328	656	3 280	6 560	26 240
	管理人员	4 200	294	42	84	420	840	3 360
	小计	37 000	2 590	370	740	3 700	7 400	29 600
金工车间	生产工人	34 200	2 394	342	684	3 420	6 840	27 360
	管理人员	3 300	231	33	66	330	660	2 640
	小计	37 500	2 625	375	750	3 750	7 500	3 0000
装配车间	生产工人	31 500	2 205	315	630	3 150	6 300	25 200
	管理人员	3 600	252	36	72	360	720	2 880
	小计	35 100	2 457	351	702	3 510	7 020	28 080
机修车间		5 000	350	50	100	500	1 000	4 000
企管部门		52 300	3661	523	1046	5230	10460	41840
销售部		18 600	1 302	186	372	1 860	3 720	14 880
合　计		185 500	12 985	1 855	3 710	18 550	37 100	148 400

会计主管：　　　　　　　　　　　　　　　　　　　　　　制表人：

银行、税务岗 起点业务明细表

日期	业务编号	业务内容	备 注
2	6	购入支票工本费	传递银行收费凭证
5	14-1	支付货款，余款退回	传递增值税专用发票、银行汇票多余款收账通知
6	19	收回货款	传递托收凭证（收账通知）
7	20	交纳上月税费	传递税收缴款书
7	21	承付货款	传递托收凭证、专用发票、铁路货票
7	22	承兑汇票贴现	传递贴现凭证
9	26-1	承付货款	传递托收凭证、专用发票、铁路货票
10	29	偿还银行借款	传递借款偿还凭证
10	32-1	交纳社会保险	传递保险缴款书3张
10	34	收股票股利	传递股票分红报告单
13	41	收回货款	传递托收凭证（收账通知）
13	42	承付货款	传递托收凭证、专用发票、铁路货票
16	51	支付印花税	传递印花税缴费凭证
20	60	上交工会经费	传递工会经费缴款书
25	64	支付借款利息	传递利息传票
26	66	申请承兑汇票	传递银行承兑汇票承兑协议、收费凭证
29	69	收存款利息	传递利息传票

业务6

中国工商银行收费凭条（回单联）

20　　年12月2日　　　　　　　　　　第 11001 号

| 付款人全称 | 华光有限责任公司 | | 付款人账号 | | 610028-22 | | | | | | | | |

服务项目	数量	凭证号码	工本费	手续费	百	十	万	千	百	十	元	角	分
					小　计								上述款项请从我账户中支付
现金支票	1		5.50	15.00						2	0	5	0
转账支票	1		5.50	25.00						3	0	5	0
合计										5	1	0	0
人民币（大写）伍拾壹元整									¥	5	1	0	0

中国工商银行
20　.12.2
转讫

以下在购买凭证时填写

领购人姓名	××	领购人证件类型	身份证
		领购人证件号码	130202197112030021

业务 14-1

××省增值税专用发票

（国家统一发票监制 税务局监制）

发票联　　　　　　　　　　№10757701

开票日期：　20　年12月5日

购货单位	名　称：	华光有限责任公司
	纳税人识别号：	030218001231818
	地址、电话：	复兴路25号
	开户银行及账号：	工行凤山支行 610028-22

密码区：6+-〈2〉6〉927+296+/ ＊ 加密版本：02
446〈600375〈35〉〈4/ ＊ 37009931410
2-2〈2051+24+2618〈7
07050445/3-15〉〉09/5/-1〉〉〉+2

第二联 发票联 购货方记账凭证

商品或劳务名称	计量单位	数量	单价	金　额									税率（%）	税　额							
				百	十	万	千	百	十	元	角	分		十	万	千	百	十	元	角	分
标准件	套	20 000	6.20		1	2	4	0	0	0	0	0	17	2	1	0	8	0	0	0
合计				¥	1	2	4	0	0	0	0	0		¥ 2	1	0	8	0	0	0

价税合计（大写）	⊗ 壹拾肆万伍仟零捌拾零元零角零分	¥145 080.00

销货单位	名　称：	承德配件厂	备注	承德配件厂 发票专用章
	纳税人识别号：	4200869751269		
	地址、电话：	（略）		
	开户银行及账号：	工行 60037876		

收款人：　　　　　复核：　　　　　　　开票人：　　　　　　　销货单位：（章）

注：发票抵扣联略去

业务 14-2

<table>
<tr><td rowspan="2">付款期限
壹个月</td><td colspan="4" align="center">工 商 银 行</td></tr>
<tr><td colspan="3" align="center">银行汇票（多余款收账通知）</td><td>第 2101 号</td></tr>
</table>

出票日期（大写） 贰零 年壹拾贰月零伍日	代理付款行：工行承德分行	行号：012

收款人：承德配件厂	账号：60037876

出票金额	人民币（大写）壹拾伍万元整									

实际结算金额	人民币（大写） 壹拾肆万伍仟零捌拾元整	百	十万	千	百	十	元	角	分
		¥ 1	4	5	0	8	0	0	0

申请人：华光有限责任公司

出票行： 凤山市工行　　　　　　行号：　　　　　账号：610028-22

备注：标准件款

中国工商银行
20　12.5
转 讫

左列退多余金额已收入你账户内

财务主管　复核　经办

出票行签章	多 余 金 额							
	万	千	百	十	元	角	分
20　年12月5日	¥	4	9	2	0	0	0

业务 19

托收承付 凭证（收账通知） 4

委托日期 20　年11月23日　　　　托收号码：第 1108 号

<table>
<tr><td rowspan="3">收款单位</td><td>全　称</td><td colspan="2">华光有限责任公司</td><td rowspan="3">付款单位</td><td>全　称</td><td colspan="9">长春一汽</td></tr>
<tr><td>账号或地址</td><td colspan="2">610028-22</td><td>账号或地址</td><td colspan="9">208411</td></tr>
<tr><td>开户银行</td><td>凤山支行</td><td>行号</td><td>开户银行</td><td colspan="9">和平办</td></tr>
<tr><td rowspan="2">托收金额</td><td>人民币
（大写）</td><td colspan="3">肆万肆仟陆佰肆拾元整</td><td>千</td><td>百</td><td>十</td><td>万</td><td>千</td><td>百</td><td>十</td><td>元</td><td>角</td><td>分</td></tr>
<tr><td></td><td colspan="3"></td><td></td><td></td><td>¥ 4</td><td>4</td><td>6</td><td>4</td><td>0</td><td>0</td><td>0</td></tr>
<tr><td colspan="2" align="center">附　件</td><td colspan="3">商品发运情况</td><td colspan="6">合同名称号码</td></tr>
<tr><td colspan="2">附寄单证张数</td><td colspan="3" align="center">转</td><td colspan="6"></td></tr>
<tr><td rowspan="2">备注：</td><td colspan="4">款项收妥日期
20　年12月6日讫</td><td colspan="7">收款人开户行盖章
20　年12月6日</td></tr>
</table>

中国工商银行
20　12.6
转

33

业务 20-1

税 收 通 用 缴 款 书　　　　　　　　№1201

经济类型：有限责任公司　　　填发日期：20　年12月7日　　　征收机关：凤山市国税局

<table>
<tr><td rowspan="4">缴款单位</td><td>代码</td><td>02—6323</td><td rowspan="4">预算科目</td><td>编码</td><td>012006</td></tr>
<tr><td>全称</td><td>华光有限责任公司</td><td>名称</td><td>有限责任公司增值税</td></tr>
<tr><td>开户银行</td><td>工行凤山支行</td><td>级次</td><td>地方级</td></tr>
<tr><td>账号</td><td>610028-22</td><td>收缴国库</td><td>中行凤山市支行</td></tr>
<tr><td colspan="3">税款所属时期：20　年11月</td><td colspan="3">税款限缴日期：20　年12月7日</td></tr>
<tr><td colspan="1">品　目
名　称</td><td>课税数量</td><td>计税金额或
销售收入</td><td colspan="2">税率或
单位税额</td><td>已缴或
扣除税</td><td>实缴金额</td></tr>
<tr><td>空压机、铸件</td><td></td><td>309 687.53</td><td colspan="2">17%</td><td>37 620</td><td>15 026.88</td></tr>
</table>

金额合计（大写）壹万伍仟零贰拾陆元捌角捌分　　　　　　　　　　¥15 026.88

中国工商银行
20.12.7
转

上列款项已收妥并划转收款单位账户
国库（银行）盖章 20　年12月7日

备注：

自报

业务 20-2

税 收 通 用 缴 款 书　　　　　　　　№1202

经济类型：有限责任公司　　　填发日期：20　年12月7日　　　征收机关：凤山市国税局

<table>
<tr><td rowspan="4">缴款单位</td><td>代码</td><td>02—6323</td><td rowspan="4">预算科目</td><td>编码</td><td>80032</td></tr>
<tr><td>全称</td><td>华光有限责任公司</td><td>名称</td><td>有限责任公司 所得税</td></tr>
<tr><td>开户银行</td><td>工行凤山支行</td><td>级次</td><td>地方级</td></tr>
<tr><td>账号</td><td>610028-22</td><td>收缴国库</td><td>中行凤山市支行</td></tr>
<tr><td colspan="3">税款所属时期：20　年11月</td><td colspan="3">税款限缴日期20　年12月7日</td></tr>
<tr><td colspan="1">品　目
名　称</td><td>课税数量</td><td>计税金额或
销售收入</td><td colspan="2">税率或
单位税额</td><td>已缴或
扣除税</td><td>实缴金额</td></tr>
<tr><td>计税所得</td><td></td><td>44 315.04</td><td colspan="2">25%</td><td></td><td>11 078.76</td></tr>
</table>

金额合计（大写）壹万壹仟零柒拾捌元柒角陆分　　　　　　　　　　¥11 078.76

中国工商银行
20.12.7
转

上列款项已收妥并划转收款单位账户
国库（银行）盖章 20　年12月7日

备注：

自报

业务 20-3

税 收 通 用 缴 款 书　　　　　　　　　　　　　　　　№1203

经济类型：有限责任公司　　　填发日期：20　年12月7日　　　征收机关：凤山市地税局

<table>
<tr><td rowspan="4">缴款单位</td><td>代码</td><td colspan="2">02—6323</td><td rowspan="4">预算科目</td><td>编码</td><td>20036</td></tr>
<tr><td>全称</td><td colspan="2">华光有限责任公司</td><td>名称</td><td>有限责任公司 城建税、教育费</td></tr>
<tr><td>开户银行</td><td colspan="2">工行凤山支行</td><td>级次</td><td>地方级</td></tr>
<tr><td>账号</td><td colspan="2">610028-22</td><td>收缴国库</td><td>中行凤山市支行</td></tr>
<tr><td colspan="3">税款所属时期：20　年11月</td><td colspan="4">税款限缴日期20　年12月7日</td></tr>
<tr><td>品　目
名　称</td><td>课税
数量</td><td>计税金额或
销售收入</td><td colspan="2">税率或
单位税额</td><td>已缴或
扣除税</td><td>实缴金额</td></tr>
<tr><td rowspan="3">增值税</td><td></td><td>15 026.88</td><td colspan="2">7%</td><td></td><td>1 051.88</td></tr>
<tr><td></td><td>15 026.88</td><td colspan="2">3%</td><td></td><td>450.81</td></tr>
<tr><td></td><td>15 026.88</td><td colspan="2">2%</td><td></td><td>300.54</td></tr>
<tr><td colspan="4">金额合计（大写）壹仟捌佰零拾叁元贰角叁分</td><td>转</td><td></td><td>¥1 803.23</td></tr>
<tr><td colspan="2">缴款单位
（盖章）
经办会计章</td><td colspan="2">税务机关
（盖章）
填票人（章）</td><td colspan="2">上列款项已收妥并划转收款单位账户
国库（银行）盖章讫 20　年12月7日</td><td>备注：

自报</td></tr>
</table>

注：城建税 1 051.88　　　教育费附加　450.81　　　地方教育费附加　300.54

业务 21-1

××省增值税专用发票

发 票 联　　　　　　　　　　　　　　　　№6920335

开票日期：20　年12月1日

<table>
<tr><td rowspan="4">购货单位</td><td>名　称：</td><td colspan="4">华光有限责任公司</td><td rowspan="4">密码区</td><td colspan="2">72-（2）6）927+296+/ ＊ 加密版本：02
446〈600375〈35〉〈4/ ＊ 987096326291
2-2〈2051+24+2618〈7
26990445/3-15〉〉09/5/-1〉〉〉+1</td></tr>
<tr><td>纳税人识别号：</td><td colspan="4">030218001231818</td></tr>
<tr><td>地址、电话：</td><td colspan="4">复兴路25号</td></tr>
<tr><td>开户行及账号：</td><td colspan="4">工行凤山支行　610028-22</td></tr>
<tr><td rowspan="2">商品或劳
务名称</td><td rowspan="2">计量
单位</td><td rowspan="2">数量</td><td rowspan="2">单价</td><td colspan="2">金　　额</td><td rowspan="2">税率%</td><td colspan="2">税　　额</td></tr>
<tr><td colspan="2">百十万千百十元角分</td><td colspan="2">十万千百十元角分</td></tr>
<tr><td>生铁</td><td>吨</td><td>300</td><td>1000</td><td colspan="2">3 0 0 0 0 0 0 0</td><td>17</td><td colspan="2">5 1 0 0 0 0 0</td></tr>
<tr><td>合　计</td><td></td><td></td><td></td><td colspan="2">¥3 0 0 0 0 0 0 0</td><td></td><td colspan="2">¥5 1 0 0 0 0 0</td></tr>
<tr><td>价税合计（大写）</td><td colspan="5">叁拾伍万壹仟零佰零拾零元零角零分</td><td colspan="3">（小写）¥351 000.00</td></tr>
<tr><td rowspan="4">销货单位</td><td>名　称：</td><td colspan="5">首都钢铁厂</td><td colspan="2">备注：</td></tr>
<tr><td>纳税人识别号：</td><td colspan="5">689756780213526912</td><td colspan="2"></td></tr>
<tr><td>地址、电话：</td><td colspan="5">略</td><td colspan="2"></td></tr>
<tr><td>开户银行及账号：</td><td colspan="5">民生银行巢湖办　0126987</td><td colspan="2"></td></tr>
</table>

收款人：　　　　复核：　　　　　开票人：　　　　　　销货单位：（章）

注：发票抵扣联略去

业务 21-2

铁 路 货 票 （简化格式）

20　年12月7日　　　　　　　　　　　　　　　　编号：0785

收货人	华光有限责任公司					发货人	首都钢厂
到站	凤山市	发站	北京	车种车号		运价里程	
货物名称	件数	包装	货物重量	计费重量	运价率	费别	金额
生铁	6					运费	600
						装车费	
人民币大写：陆佰元整						合计	￥600

发站承运日期戳：　　　　　　　　　　　　　　　　发站经办人：

业务 21-3

第 2015 号

托收承付 凭证（支款通知）5

承付期限
到期 20　年12月7日

委托日期　20　年11月28日

付款单位	全　称	华光有限责任公司			收款单位	全　称	首都钢铁厂
	账号或地址	610028-22				账号或地址	0126987
	开户银行	工行凤山市支行	行号			开户银行	民生银行巢湖办

托收金额	人民币（大写）叁拾伍万壹千陆佰元整	千	百	十	万	千	百	十	元	角	分
				￥	3	5	1	6	0	0	0	0

附　　件	商品发运情况		合同名称号码
附寄单证张数或册数	3	中国工商银行 20 .12.7 转讫	
备注：			付款人注意：（略）

单位主管　　会计　　复核　　记账　　　　付款人开户行盖章 20　年12月7日

此联是付款单位开户行通知付款单位按期付款的通知

39

业务 22

贴现凭证（收账通知） 4

申请日期 20 年12月7日   第 0055 号

<table>
<tr><td rowspan="3">持票人</td><td>名 称</td><td colspan="2">华光有限责任公司</td><td rowspan="3">贴现汇票</td><td>种 类</td><td colspan="2">银行承兑汇票</td><td>号 码</td><td></td></tr>
<tr><td>账 号</td><td colspan="2">610028-22</td><td>出票日</td><td colspan="2">20 年10月7日</td><td></td><td></td></tr>
<tr><td>开户银行</td><td colspan="2">工行凤山支行</td><td>到期日</td><td colspan="2">20 年4月7日</td><td></td><td></td></tr>
<tr><td>汇票承兑人</td><td>名称</td><td colspan="2">天津一汽</td><td>账号</td><td colspan="2">356113</td><td>开户银行</td><td colspan="2">江山办</td></tr>
</table>

出票金额	人民币（大写）	捌万元整	十万	千	百	十	元	角	分
			¥ 8	0	0	0	0	0	0

贴现率（年）	10%	贴现利息	十万 千 百 十 元 角 分	实付贴现金额	十万 千 百 十 元 角 分
			¥ 2 7 4 6 6 7		¥ 7 9 6 5 3 3 3

贴现款项已入你单位账户

中国工商银行
20 .12.7
转
讫

银行签章

年 12 月 7 日

备注：

票面利率6%

业务 26-1

托收承付 凭证（支款通知） 5

	承付期限
	到期20 年 12 月 9 日

委托日期 20 年11月29日

<table>
<tr><td rowspan="3">付款单位</td><td>全 称</td><td colspan="2">华光有限责任公司</td><td rowspan="3">收款单位</td><td>全 称</td><td colspan="2">大同煤矿</td></tr>
<tr><td>账号或地址</td><td colspan="2">610028-22</td><td>账号或地址</td><td colspan="2">102432</td></tr>
<tr><td>开户银行</td><td colspan="2">工行凤山支行</td><td>开户银行</td><td>工行三元办</td><td>行号</td></tr>
</table>

委收金额	人民币（大写）	陆仟零叁拾元整	千	百	十	万	千	百	十	元	角	分
						¥ 6	0	3	0	0	0	

附 件		商品发运情况	合同号码名称
附寄单证张数或册数	3	铁路发运	

中国工商银行
20 .12.9
转
讫

备注：前已预付5 000元

付款人注意

（略）

单位主管   会计   复核   记账   付款人开户行盖章 20年12月9日

41

业务 26-2

全国统一发票监制
××省增值税专用发票
发票联

开票日期： 20　年11月29日　　　　　　　№00057644

购货单位	名　称：	华光有限责任公司
	纳税人登记号：	030218001231818
	地址、电话：	复兴路25号
	开户银行及账号：	工商行 610028-22

密码区：
27-〈2〉6〉927+296+/ *　加密版本： 01
226〈600375〈35〉4/ *　150069343217
2-2〈2051+24+2618〈7
78050765/3-15〉〉09/5/-1〉〉〉+5

商品或劳务名称	计量单位	数量	单价	金额 百十万千百十元角分	税率(%)	税额 十万千百十元角分
煤	吨	50	180	9 0 0 0 0 0	17	1 5 3 0 0 0
合　计				¥ 9 0 0 0 0 0		¥ 1 5 3 0 0 0

价税合计（大写）　壹万零伍佰叁拾零元零角零分　　　　　　¥10 530.00

销货单位	名　称：	大同煤矿
	纳税人登记号：	06598714236987
	地址、电话：	略
	开户银行及账号：	工行梧桐路支行 2236017

备注：山西大同煤矿
发票专用章

收款人　　　　　　　　　　　　　　开票单位（未盖章无效）

第二联　发票联　购货方记账凭证

业务 26-3

铁 路 货 票 （简化格式）

20　年11月29日　　　　　　　编号：104115

收货人	华光有限责任公司			发货人	大同煤矿	
到站	凤山市	发站	大同	车种车号	运价里程	
货物名称	件数	包装	货物重量	计费重量	运价率	费别	金额
煤	1					运费	500
						装车费	
人民币大写：伍佰元整						合计	¥500

太原铁路局
运费结算专用章

发站承运日期戳：　　　　　　　　　　发站经办人：孙海

业务 29

中国工商银行凤山市分行借款偿还凭证

转账日期20　年12月10日　　　　　　　　　　　　传票编号：1180

放款账号	28—69	户名	还 款 金 额								利 息								合 计							
			十万	千	百	十	元	角	分	十万	千	百	十	元	角	分	十万	千	百	十	元	角	分
往来账号	610028-22	华光有限责任公司	5	0	0	0	0	0	0	0								5	0	0	0	0	0	0	0	0

金额人民币（大写）伍拾万元整

上列款项从本单位往来账户内支出偿还。

（单位签章）

中国工商银行
20.12.10
转讫
银行盖章

业务 32-1

保险费、金缴款书（养老）

经济类型：　　　　　　填发日期：20　年12月10日　　征收机关：地税基金办

缴款单位	代码	1302030056	缴款所属日期	起始日期：20　年11月1日		第一联收据联
	全称	华光有限责任公司		截止日期：20　年11月30日		
	开户银行	工行凤山支行		限缴日期　20　年12月10日		
	账号	610028-22	收款国库		科目代码	
项目	缴费人数	缴费基数	缴费率	应缴金额	实缴金额	
单位		160 000.00	20%	32 000.00		
个人		160 000.00	7%	11 200.00	¥43 200.00	
		逾期缴款加滞纳金				
金额合计	（大写）肆万叁仟贰佰元整					
缴款单位（盖章） 财务专用章	征收机关（盖章）税务专用	上列款项已收妥并划转收款单位账户 国库（银行）盖章 20　年12月10日			备注：	

业务 32-2

河北省社会保险费
保险费通用缴款书（失业）

经济类型：　　　　　　　　　填发日期：20　年12月10日　　征收机关：地税基金办

缴款单位	代码	1302030056	缴款所属日期	起始日期：20　年11月1日		
	全称	华光有限责任公司		截止日期：20　年11月30日		
	开户银行	工行凤山支行	限缴日期	20　年12月10日		
	账号	610028-22	收款国库		科目代码	
	项目	缴费人数	缴费基数	缴费率	应缴金额	实缴金额
	单位		160 000.00	2%	3 200.00	¥4 800.00
	个人		160 000.00	1%	1 600.00	
		逾期不缴按日加收2‰滞纳金				
金额合计	（大写）肆仟捌佰元整					
缴款单位（盖章）	税务机关（盖章）	上列款项已收妥并划转收款单位账户 国库（银行）盖章　20　年12月10日			备注：	

第一联　收据联

业务 32-3

河北省社会保险费
保险费通用缴款书（医疗）

经济类型：　　　　　　　　　填发日期：20　年12月10日　　征收机关：地税基金办

缴款单位	代码	1302030056	缴款所属日期	起始日期：20　年11月1日		
	全称	华光有限责任公司		截止日期：20　年11月30日		
	开户银行	工行凤山支行	限缴日期	20　年12月10日		
	账号	610028-22	收款国库		科目代码	
	项目	缴费人数	缴费基数	缴费率	应缴金额	实缴金额
	单位		160 000.00	8%	12 800.00	¥16 000.00
	个人		160 000.00	2%	3 200.00	
		逾期不缴按日加收2‰滞纳金				
金额合计	（大写）壹万陆仟元整					
缴款单位（盖章）	税务机关（盖章）	上列款项已收妥并划转收款单位账户 国库（银行）盖章　20　年12月10日			备注：	

第一联　收据联

业务 34

证券交易成交报告单 [股票分红]

凤山市证券营业部

<table>
<tr><td rowspan="11">凤山市税务局监制</td><td colspan="2">成交日期：12.10</td><td colspan="2">打印日期：12.10</td><td rowspan="11">③通知联</td></tr>
<tr><td colspan="2">资金账号：000302287961</td><td colspan="2">证券账号：A265830128</td></tr>
<tr><td colspan="2">客户姓名：华光有限责任公司</td><td colspan="2">证券名称：中海油股份</td></tr>
<tr><td colspan="2">申报日期：12.06</td><td colspan="2">申报编号：1020010325</td></tr>
<tr><td colspan="2">申报时间：10:30:15</td><td colspan="2">成交时间：股票分红</td></tr>
<tr><td colspan="2">成交数量：</td><td colspan="2">佣金：　　0.00</td></tr>
<tr><td colspan="2">成交均价：0.00</td><td colspan="2">印花税：0.00</td></tr>
<tr><td colspan="2">成交金额：0.00</td><td colspan="2">过户费：0.00</td></tr>
<tr><td colspan="2">收付金额：2 000.00</td><td colspan="2">附加费用：0.00</td></tr>
<tr><td colspan="2">前/后金额：85 000.00/32 960.00</td><td colspan="2"></td></tr>
</table>

经办单位：　　　　　　　　　　　　　　　　客户盖章：

（华光有限责任公司 财务专用章）

业务 41

托收承付　凭证（收账通知）　4

委托日期　20　年11月30日　　　　　　　托收号码：第1126号

<table>
<tr><td rowspan="3">收款单位</td><td>全　称</td><td>华光有限责任公司</td><td rowspan="3">付款单位</td><td>全　称</td><td colspan="9">洛阳拖拉机厂</td></tr>
<tr><td>账号或地址</td><td>610028-22</td><td>账号或地址</td><td colspan="9">0429581</td></tr>
<tr><td>开户银行</td><td>工行凤山支行</td><td>开户银行</td><td colspan="5">工行立新办</td><td colspan="2">行号</td><td colspan="2"></td></tr>
<tr><td rowspan="2">委收金额</td><td colspan="2" rowspan="2">人民币（大写）　壹万捌仟肆佰元整</td><td></td><td></td><td>千</td><td>百</td><td>十</td><td>万</td><td>千</td><td>百</td><td>十</td><td>元</td><td>角</td><td>分</td></tr>
<tr><td></td><td></td><td></td><td></td><td></td><td>¥</td><td>1</td><td>8</td><td>4</td><td>0</td><td>0</td><td>0</td><td>0</td></tr>
<tr><td colspan="2">附　　件</td><td>商品发运情况</td><td colspan="11">合同号码名称</td></tr>
<tr><td colspan="2">附寄单证张数或册数</td><td>3</td><td colspan="11"></td></tr>
<tr><td colspan="2">备注：货款</td><td colspan="12">付款人注意
（略）</td></tr>
</table>

单位主管　　　会计　　　复核　　　记账　　　收款人开户行盖章20　年12月13日

业务 42-1

××省增值税专用发票

发票联

开票日期：20　年12月11日　　　　　　　　　　　　　　　№00976138

购货单位	名　称：华光有限责任公司
	纳税人识别号：030218001231818
	地址、电话：复兴路25号
	开户行及账号：工行凤山支行 610028-22

密码区：
6+-〈2〉6〉927+296+/ ＊　加密版本：02
336〈600375〈35〉〈4/ ＊　26870993560
2-2〈2051+24+2618〈7
07050481/3-15〉〉09/5/-1〉〉〉+2

商品或劳务名称	计量单位	数量	单价	金　额 百 十 万 千 百 十 元 角 分	税率%	税　额 十 万 千 百 十 元 角 分
铝材	吨	20	8 900	1 7 8 0 0 0 0 0 0	17	3 0 2 6 0 0 0
合　计				￥ 1 7 8 0 0 0 0 0		￥ 3 0 2 6 0 0 0

价税合计（大写）	贰拾万捌仟贰佰陆拾零元零角零分	（小写）￥208 260.00

销货单位	名　称：山东铝业公司	备注：★ 发票专用章
	纳税人识别号：8100235678159753	
	地址、电话：略	
	开户银行及账号：工商行大学路 2236510	

收款人：　　　　复核：　　　　开票人：　　　　销货单位：（章）

第二联 发票联 购货方记账凭证

注：发票抵扣联略去

业务 42-2

铁 路 货 票 （简化格式）

20　年12月11日　　　　　　　　　编号：065301

收货人	华光有限责任公司				发货人	山东铝业公司	
到站	凤山市	发站	济南	车种车号		运价里程	
货物名称	件数	包装	货物重量	计费重量	运价率	费别	金额
铝材	2					运费	800
						装车费	
人民币大写：捌佰元整		运费结算专用章 ★				合计	800

发站承运日期戳：20　12.11　　　　　　　　　　发站经办人：姜涛

业务 42-3

此联是付款单位开户行通知付款单位按期付款的通知

托收承付 凭证（支款通知） 5

委托日期 20 年 12 月 13 日

				承付期限
				到期 20 年 12 月 13 日

付款单位	全 称	华光有限责任公司	收款单位	全 称	山东铝业有限责任公司	
	账号或地址	610028-22		账号或地址	1892732	
	开户银行	工行凤山支行		开户银行	工行胶东支行	行号

委收金额	人民币（大写） 贰拾万玖仟零陆拾元整	千	百	十	万	千	百	十	元	角	分
			¥	2	0	9	0	6	0	0	0

附 件	商品发运情况	合同名称号码
附寄单证张数或册数	3	中国工商银行 20.12.13 转讫	
备注：		付款人注意： （略）

单位主管　　会计　　复核　　记账　　　付款人开户行盖章 20 年 13 月 13 日

提示：材料于 11 日入库。

业务 51

中华人民共和国
印花税票销售凭证

填发日期 20 年 12 月 16 日　　　　　　　　№002316887

第二联 购票单位报销凭证

购买单位	华光有限责任公司		购买人		
购 买 印 花 税 票					
面值种类	数量	金额	面值种类	数量	金额
壹角票			伍元票	4	20.00
贰角票			拾元票	2	20.00
伍角票			伍拾元票		
壹元票			壹佰元票	3	300.00
贰元票	2	4.00			¥344.00
金额合计（大写）叁佰肆拾肆元整					
销售单位 （盖章）		售票人 （盖章）	备注 税务专用章		

业务 60

工会经费 专用缴款书

隶属关系：市

№ 0001022699

注册类型：企业　　　　　　　　　填发日期 20　年 12 月 20 日　　　征收机关：凤山市地税局

缴款单位	全　称	华光有限责任公司	收款单位	名　称	凤山市总工会
	开户银行	工行凤山支行		开户银行	建行营业部
	账　号	610028-22		账　号	0312556923

所属时期	20　年 11 月 01 日至 20　年 11 月 30 日	限缴日期	20　年 12 月 20 日

缴费项目	工资总额	缴费比例	缴费金额
工会经费筹备金	183200	2%×40%	1 465.60

金额合计（大写）　　　壹仟肆佰陆拾伍元陆角整

上列款项从缴款单位账户内划转收款单位账户

备注：

缴款单位财务专用章（盖章）　　税务机关（盖章）　　税务专用章

缴款单位开户银行盖章

20　年 12 月 20 日

中国工商银行 20.12.20 转

业务 64

工商银行凤山市支行利息传票

20　年 12 月 25 日

收息人	全称	工商银行凤山支行	付息人	全称	华光有限责任公司
	账号	3829-10		账号	610028-22
	开户银行	工商银行凤山支行		开户银行	工商银行凤山支行

计息起讫日期	20　年 9 月 25 日至 20　年 12 月 25 日		

积数		利率	利息金额	22 000.00

你单位上述应付借款利息已从你单位账户划出。

银行盖章　　　　复核：　　　　记账：

中国工商银行 20.12.25 转

注：10 月、11 月已预提 9 500 元。

业务 66-1

银 行 承 兑 汇 票（存根）　　　　　IV108026

签发日期：贰零　　年壹拾贰月贰拾陆日　　　　第　号

收款人	全称	首都钢厂		承兑申请人	全称	华光有限责任公司									
	账号	320089			账号	610028-22									
	开户银行	工行三江分行	行号		开户银行	工行西山道分理处		行号							

			百	十	万	千	百	十	元	角	分
汇票金额	人民币（大写）壹万玖仟肆佰元整				¥	1	9	4	0	0	0	0

汇票到期日	贰零　　年零叁月贰拾陆日	承兑协议编号	003786	交易合同号码	

本汇票已经承兑，到期无条件
支付票款

　　　　　承兑人签章

承兑日期　20　　年 12 月 26 日

（中国工商银行凤山市支行 业务专用章）

负责　　　　　　经办

业务 66-2

银行承兑协议

编号：　003786

银行承兑汇票的内容：

出票人全称　华光有限责任公司　　　收款人全称　首都钢厂

开 户 银 行　工商银行凤山支行　　　开 户 银 行　工行三江分行

账　　　号　610028-22　　　　　　账　　　号　320089

汇票号码　IV108026　　　　　　　汇票金额（大写）壹万玖仟肆佰元整

出 票 日 期 20　年 12 月 26 日　到期日期 20　年 3 月 26 日

以上汇票经银行承兑，出票人愿遵守《支付结算办法》的规定及下列条款：

一、出票人于汇票到期日期将应付票据足额交存承兑银行。

二、承兑手续费按票面金额千分之一计算，在银行承兑时一次付清。

三、出票人与持票人如发生任何交易纠纷，均由其双方自行处理，票款于到期前仍按第一条办理不误。

四、承兑汇票到期日，承兑银行凭票无条件支付票款。如到期日之前出票人不能足额交付票款，承兑银行将不足支付部分的票款转作出票申请人逾期贷款，并按照有关规定计收罚息。

五、承兑汇票款付清后，协议自动失效。

（中国工商银行凤山市支行 业务专用章）

承兑银行签章　　业务专用章　　刘琦

（华光有限责任公司 财务专用章）

出票人签章　　财务专用章　　法人章

订立承兑协议日期 20　年 12 月 26 日

业务 66-3

中国工商银行收费凭证

20　年 12 月 26 日　　　　　　　　　　№3211

第一联 回单

户名	华光有限责任公司			开户银行	工行凤山市支行							
账号	610028-22			收费种类	手续费							
客户在办理结算业务时,在"收费种类"栏分别填写手续费或邮电费,在"结算种类"栏填写办理的方式。	凭证结算种类	单价	数量		金　额							
					万	千	百	十	元	角	分
	银行承兑汇票							1	9	4	0
	合计 人民币(大写)壹拾玖元肆角整						¥	1	9	4	0

中国工商银行
20 .12.26
转

复核　　　　　　　　　　讫　　　　　　　记账

业务 69

工商银行凤山市支行利息传票

单位:华光有限责任公司　　　　20　年 12 月 29 日　　　　账号:610028-22

此联交存款人作收账通知

起息日期	结息日期	天数	积数	日利率	利息
20 —09—29	20 —12—29	90	4 576 000.20	0.4‰	1 830.40
			中国工商银行		
			20 .12.29		
上列存款利息,已照收你单位 610028-22 账户。			转		
(银行盖章)			讫		

会计主管岗 起点业务明细表

日期	业务编号	业务内容	备 注
5	16	核销坏账准备	传递坏账损失计算表
10	30	发放困难补助	传递困难补助发放表
10	33	预计担保损失	传递预计担保损失单
23	62	收取罚款	传递罚款通知单

业务 16

坏账损失计算表

20　年12月5日

项　目	应收金额	债务人单位	应收时间	坏账原因	回收情况	实际发生损失
应收账款	18 400	光明设备厂	11月25日	破产倒闭	80%	3 680.00
合　计						¥3 680.00

　　会计主管：　　　　　　　　　　总经理：　　　　　　　　　　　　制表：王燕

业务 30

职工困难补助发放表

20　年12月10日

现金付讫

姓　名	部　门	补助金额（元）	签　名
王齐	机修车间	400.00	王齐
李惠	铸造车间	400.00	李惠
张涛	技术部	400.00	张涛
合　　　计		¥1 200.00	—

负责人：　　　　　　　　　　　　　　　　　　　　经办人：

业务 33

预计担保损失单

　　为本市方达公司银行贷款100000元提供20%的担保，12月2日到期，方达公司尚未归还，12月6日银行提起诉讼。此案正在审理之中。12月10日估计本公司很可能承担20000元的担保损失。

　　　　　　　　　　　　　　　　　　　　财务科长：××

　　　　　　　　　　　　　　　　　　　　20　年12月10日

业务 62

罚 款 通 知 单

财务科：

    铸造车间工人谢松违章操作，根据本公司管理条例，决定对其罚款 200 元。

（公司办公室印章）

20　　年 12 月 23 日

    负责人：

记账会计岗　起点业务明细表

日期	业务编号	业务内容	备 注
17	53	结转出售固定资产净损失	填制内部转账单
28	68	结转报废固定资产净损失	填制内部转账单
31	70	结转收入材料差异	填制入库材料成本差异汇总表
31	71	材料盘亏	传递材料盘亏报告单
31	72	转应交增值税	填制未交增值税结转表、增值税申报表
31	73	债券利息调整	传递应付债券利息分摊表
31	74	分配水费	传递水费分配表
31	75	分配电费	传递电费分配表
31	76	分配暖气费	传递暖气费分配表
31	77	分配材料费用	填制原材料耗用汇总表
31	78	计提固定资产折旧	填制固定资产折旧计算表
31	79	分配工资费用	填制工资费用分配表
31	80	计提职工福利	填制职工福利分配表
31	81	计提社保费	填制三险一金提取计算表
31	82	计提工会经费、职教经费	填制工会经费、教育经费提取计算表
31	83	低耗品摊销	填制低值易耗品领用及摊销表
31	84	交易性金融资产调价	填制交易性金融资产公允价值变动表
31	85	计提坏账准备	填制坏账准备计算表
31	86	摊销无形资产	填制无形资产摊销计算表
31	87	分配修理费	填制辅助生产费用分配表
31	88	分配制造费用	填制制造费用分配表
31	89	结转铸造车间完工产品成本	传递生产情况报告表 填制铸造车间成本计算单、自制半成品入库单
31	90	金工车间领用半成品	填制自制半成品领用汇总表
31	91	结转金工车间完工产品成本	传递生产情况报告表 编制金工车间成本计算单、自制半成品转移单
31	92	结转装配车间完工产品成本	传递生产情况报告表 编制装配车间成本计算单、完工产品入库单
31	93	结转产品销售成本	填制产品销售汇总表
31	94	计算应交城建税、教育费附加	填制城建税及教育费附加计算表及申报表
31	95	结转损益类账户发生净额	填制内部转账单
31	96	计算应交所得税	填制所得税费用计算表、所得税申报表
31	97	结转所得税费用	填制所得税费用结转表
31	98	计提盈余公积	填制盈余公积提取计算表
31	99	向投资人分配利润	填制向投资者分配利润计算表
31	100	结转全年净利润 结转全年已分配利润	填制全年净利润结转表 填制已分配利润结转表

业务 53

内 部 转 账 单

20   年 12 月 17 日

摘　　　要	金　　　额	会 计 科 目
结转出售固定资产净损失		

会计主管：　　　　　　　　复核：　　　　　　　　制单：

业务 68

内 部 转 账 单

转账日期：20   年 12 月 28 日

摘　　　　　　要	金　　　额	会 计 科 目
报废固定资产净损失	2 800.00	

会计主管　　　　　　　　复核　　　　　　　　制单：

业务 70

入库材料成本差异汇总表

20   年 12 月 31 日　　　　　　　　单位：元

总账科目	明细科目	实际成本	计划成本	差异额
材料采购	原材料			
合　　　计				

会计主管　　　　　　　　复核：　　　　　　　　制单：

注：（1）上表根据材料采购明细账计算填列，并据以结转到材料成本差异账户。

（2）结转后，根据材料成本差异明细账计算差异率，小数保留到 0.001 位。

业务 71

材料盘盈盘亏报告单

存放地点：材料仓库　　　　　　　盘点日期：20　年 12 月 31 日

材料名称	规格型号	期末账面结存数				期末实地盘点数				盘盈（＋）盘亏（－）数				备 注
		数量	计量单位	单价	金额	数量	计量单位	单价	金额	数量	计量单位	计划单价	金额	
油漆										－5	公斤	40	200	定额内损耗
柴油										－3	公斤	5	15	定额内损耗
合计													215	

会计主管：　　　　　　　　　　　　　　　　　仓库保管：季雨

业务 72-1

未交增值税结转表

20　年 12 月 31 日

项　　目	栏　　次	金　　额
本期销项税额	1	
本期进项税额	2	
本期进项税额转出	3	
本期应抵扣税额	4=2-3	
本期应纳税额或尚待抵扣税额	5=1-4	
	6	
转出未交增值税额合计	7=5	

会计主管：　　　　　　复核：　　　　　　　　制表：

业务 72-2

填制增值税申报表。

业务 73-1

应付债券利息计算表

20　年1月1日

计息时间	期初摊余成本余额	实际利率	利息费用	票面总额	票面利率	应付利息	利息调整	期末摊余成本余额
第一年	205 147.80	8%	16 411.82	200 000	9%	18 000	1 588.18	203 559.62
第二年								
第三年								
合计								

会计主管：　　　　　　　复核：　　　　　　　　　　　　　制表：

业务 73-2

应付债券利息分摊计算表

20　年12月31日

项　目	全年金额	月分摊金额	备　注
利息费用	16 411.82	1 367.65	月分摊数为第一年每月平均数
利息调整	1 588.18	132.35	
应付利息	18 000	1 500.00	

会计主管：　　　　　　　复核：　　　　　　　　　　　　　制表：

业务 74

水 费 分 配 表

20　年12月31日

车间或产品	定额消耗量（立方米）	分配率	分配金额
铸造车间	9 000		
金工车间	10 000		
装配车间	15 000		
管理部门	2 000		
机修车间	2 500		
在建工程—水塔工程	8 420		
合　计	46 920		

会计主管：　　　　　　　复核：　　　　　　　　　　　　　制单：

业务 75

电 费 分 配 表

20　年 12 月 31 日

使用部门		消耗量（kW）	分配率	分配金额
铸造车间	铁铸件	3 000		
	铝铸件	5 000		
	小计	8 000		
	一般消耗	1 000		
金工车间	空压机	4 000		
	一般消耗	1 000		
装配车间	空压机	2 500		
	一般消耗	1 500		
管理部门		1 500		
机修车间		1 900		
在建工程—水塔工程		800		
合　计		22 200		

会计主管：　　　　　　　　　复核：　　　　　　　　　制单：

业务 76

企业预付暖气费分配表

20　年 12 月 31 日

借　方　科　目		企业预付暖气费	本月分配暖气费
制造费用	铸造车间	5 200.00	
制造费用	金工车间	5 831.00	
制造费用	装配车间	6 012.00	
	小　计	17 043.00	
管理费用	其他费用	5 882.00	
合　计		22 925.00	

会计主管　　　　　　　　　复核　　　　　　　　　制单

注：分 3 个月摊销

业务 77-1

领 料 单

领料单位：铸造车间　　　　　　　　20　年12月3日　　　　　　　第 1001 号

材料编号	材料名称	规格	单位	请领数量	实发数量	计划价格	
						单价	金额
001	生铁		吨	100	100	1 000	100 000
用途	铁铸件	领料部门			发料部门		
		负责人	领料人		核准人		发料人
			赵亮				钱进

② 财务记账联

业务 77-2

领 料 单

领料单位：铸造车间　　　　　　　　20　年12月3日　　　　　　　第 1002 号

材料编号	材料名称	规格	单位	请领数量	实发数量	计划价格	
						单价	金额
002	铝材		吨	50	50	9 000	450 000
用途	铝铸件	领料部门			发料部门		
		负责人	领料人		核准人		发料人
			孙丽				钱进

② 财务记账联

业务 77-3

领 料 单

领料单位：铸造车间　　　　　　　　20　年12月3日　　　　　　　第 1003 号

材料编号	材料名称	规格	单位	请领数量	实发数量	计划价格	
						单价	金额
005	煤		吨	20	20	180	3 600
用途	铁铸件	领料部门			发料部门		
		负责人	领料人		核准人		发料人
			赵亮				钱进

② 财务记账联

业务 77-4

领 料 单

领料单位：铸造车间 20　年12月3日 第1004号

材料编号	材料名称	规格	单位	请领数量	实发数量	计划价格	
						单价	金额
005	煤		吨	15	15	180	2 700

用途	铝铸件	领料部门		发料部门	
		负责人	领料人	核准人	发料人
			孙丽		钱进

②财务记账联

业务 77-5

领 料 单

领料单位：铸造车间 20　年12月3日 第1005号

材料编号	材料名称	规格	单位	请领数量	实发数量	计划价格	
						单价	金额
006	柴油		公斤	120	120	5.00	600

用途	铁铸件	领料部门		发料部门	
		负责人	领料人	核准人	发料人
			赵亮		钱进

②财务记账联

业务 77-6

领 料 单

领料单位：铸造车间 20　年12月3日 第1006号

材料编号	材料名称	规格	单位	请领数量	实发数量	计划价格	
						单价	金额
006	柴油		公斤	120	120	5.00	600

用途	铝铸件	领料部门		发料部门	
		负责人	领料人	核准人	发料人
			孙丽		钱进

②财务记账联

业务 77-7

领 料 单

领料单位：金工车间　　　　　　　　　20　年12月3日　　　　　　　第1007号

材料编号	材料名称	规格	单位	请领数量	实发数量	计划价格	
						单价	金额
003	润滑油		公斤	15	15	60	900
用途	空压机	领料部门				发料部门	
		负责人	领料人			核准人	发料人
			李涛				钱进

② 财务记账联

业务 77-8

领 料 单

领料单位：装配车间　　　　　　　　　20　年12月3日　　　　　　　第1008号

材料编号	材料名称	规格	单位	请领数量	实发数量	计划价格	
						单价	金额
008	标准件		套	1 000	1 000	6.00	6 000
用途	空压机	领料部门				发料部门	
		负责人	领料人			核准人	发料人
			周一伟				钱进

② 财务记账联

业务 77-9

领 料 单

领料单位：装配车间　　　　　　　　　20　年12月3日　　　　　　　第1009号

材料编号	材料名称	规格	单位	请领数量	实发数量	计划价格	
						单价	金额
007	铜件		个	400	400	2.00	800
用途	空压机	领料部门				发料部门	
		负责人	领料人			核准人	发料人
			周一伟				钱进

② 财务记账联

业务 77-10

领 料 单

领料单位：铸造车间　　　　　　　　　　20　年12月7日　　　　　　　　　　第 1010 号

材料编号	材料名称	规格	单位	请领数量	实发数量	计划价格	
						单价	金额
001	生铁		吨	100	100	1 000	100 000

用途	铁铸件	领料部门		发料部门	
		负责人	领料人	核准人	发料人
			赵亮		钱进

② 财务记账联

业务 77-11

领 料 单

领料单位：铸造车间　　　　　　　　　　20　年12月7日　　　　　　　　　　第 1011 号

材料编号	材料名称	规格	单位	请领数量	实发数量	计划价格	
						单价	金额
002	铝材		吨	50	50	9 000	450 000

用途	铝铸件	领料部门		发料部门	
		负责人	领料人	核准人	发料人
			孙丽		钱进

② 财务记账联

业务 77-12

领 料 单

领料单位：铸造车间　　　　　　　　　　20　年12月7日　　　　　　　　　　第 1012 号

材料编号	材料名称	规格	单位	请领数量	实发数量	计划价格	
						单价	金额
005	煤		吨	40	40	180	7 200

用途	铁铸件	领料部门		发料部门	
		负责人	领料人	核准人	发料人
			赵亮		钱进

② 财务记账联

业务 77-13

领 料 单

领料单位：装配车间　　　　　　　　　　20　年12月7日　　　　　　　　　第1013号

材料编号	材料名称	规格	单位	请领数量	实发数量	计划价格	
						单价	金额
003	润滑油		公斤	40	40	60	2 400
用途	空压机	领料部门			发料部门		
		负责人	领料人		核准人		发料人
			周一伟				钱进

②财务记账联

业务 77-14

领 料 单

领料单位：机修车间　　　　　　　　　　20　年12月7日　　　　　　　　　第1014号

材料编号	材料名称	规格	单位	请领数量	实发数量	计划价格	
						单价	金额
003	润滑油		公斤	6	6	60	360
用途	修理用	领料部门			发料部门		
		负责人	领料人		核准人		发料人
			万能				钱进

②财务记账联

业务 77-15

领 料 单

领料单位：铸造车间　　　　　　　　　　20　年12月15日　　　　　　　　第1015号

材料编号	材料名称	规格	单位	请领数量	实发数量	计划价格	
						单价	金额
001	生铁		吨	100	100	1 000	100 000
用途	铁铸件	领料部门			发料部门		
		负责人	领料人		核准人		发料人
			赵亮				钱进

②财务记账联

业务 77-16

领 料 单

领料单位：铸造车间   20 年 12 月 15 日   第 1016 号

材料编号	材料名称	规格	单位	请领数量	实发数量	计划价格 单价	计划价格 金额
006	柴油		公斤	120	120	5.00	600
用途	铁铸件	领料部门 负责人	领料部门 领料人		发料部门 核准人		发料部门 发料人
			赵亮				钱进

② 财务记账联

业务 77-17

领 料 单

领料单位：铸造车间   20 年 12 月 15 日   第 1017 号

材料编号	材料名称	规格	单位	请领数量	实发数量	计划价格 单价	计划价格 金额
003	润滑油		公斤	5	5	60	300
用途	铁铸件	领料部门 负责人	领料部门 领料人		发料部门 核准人		发料部门 发料人
			赵亮				钱进

② 财务记账联

业务 77-18

领 料 单

领料单位：铸造车间   20 年 12 月 15 日   第 1018 号

材料编号	材料名称	规格	单位	请领数量	实发数量	计划价格 单价	计划价格 金额
004	油漆		公斤	17	17	40	680
用途	一般用	领料部门 负责人	领料部门 领料人		发料部门 核准人		发料部门 发料人
			赵亮				钱进

② 财务记账联

业务 77-19

领 料 单

领料单位：机修车间　　　　　　　　　　20　年12月15日　　　　　　　　　第 1019 号

材料编号	材料名称	规格	单位	请领数量	实发数量	计划价格	
						单价	金额
006	柴油		公斤	200	200	5.00	1 000
用途	修理用	领料部门				发料部门	
		负责人	领料人			核准人	发料人
			万能				钱进

②
财务记账联

业务 77-20

领 料 单

领料单位：装配车间　　　　　　　　　　20　年12月20日　　　　　　　　　第 1020 号

材料编号	材料名称	规格	单位	请领数量	实发数量	计划价格	
						单价	金额
007	铜件		个	400	400	2.00	800
用途	空压机	领料部门				发料部门	
		负责人	领料人			核准人	发料人
			周一伟				钱进

②
财务记账联

业务 77-21

领 料 单

领料单位：装配车间　　　　　　　　　　20　年12月20日　　　　　　　　　第 1021 号

材料编号	材料名称	规格	单位	请领数量	实发数量	计划价格	
						单价	金额
008	标准件		套	1200	1200	6.00	7 200
用途	空压机	领料部门				发料部门	
		负责人	领料人			核准人	发料人
			周一伟				钱进

②
财务记账联

业务 77-22

领 料 单

领料单位：装配车间　　　　　　　　20　年12月20日　　　　　　　　第1022

材料编号	材料名称	规格	单位	请领数量	实发数量	计划价格	
						单价	金额
009	纸箱		个	9600	9600	4.00	38400
用途	空压机	领料部门			发料部门		
		负责人	领料人		核准人		发料人
			周一伟				钱进

② 财务记账联

业务 77-23

领 料 单

领料单位：装配车间　　　　　　　　20　年12月21日　　　　　　　　第1023 号

材料编号	材料名称	规格	单位	请领数量	实发数量	计划价格	
						单价	金额
004	油漆		公斤	50	50	40	2000
用途	空压机	领料部门			发料部门		
		负责人	领料人		核准人		发料人
			周一伟				钱进

② 财务记账联

业务 77-24

领 料 单

领料单位：装配车间　　　　　　　　20　年12月21日　　　　　　　　第1024 号

材料编号	材料名称	规格	单位	请领数量	实发数量	计划价格	
						单价	金额
005	煤		吨	1	1	180	180
用途	一般用	领料部门			发料部门		
		负责人	领料人		核准人		发料人
			周一伟				钱进

② 财务记账联

业务 77-25

领料单

领料单位：金工车间　　　　　　　　20　年12月21日　　　　　　　　第1025号

材料编号	材料名称	规格	单位	请领数量	实发数量	计划价格	
						单价	金额
004	油漆		公斤	5	5	40	200

用途	一般用	领料部门		发料部门	
		负责人	领料人	核准人	发料人
			李涛		钱进

② 财务记账联

业务 77-26

领料单

领料单位：金工车间　　　　　　　　20　年12月21日　　　　　　　　第1026号

材料编号	材料名称	规格	单位	请领数量	实发数量	计划价格	
						单价	金额
003	润滑油		公斤	12	12	60	720

用途	空压机	领料部门		发料部门	
		负责人	领料人	核准人	发料人
			赵亮		钱进

② 财务记账联

业务 77-27

领料单

领料单位：铸造车间　　　　　　　　20　年12月21日　　　　　　　　第1027号

材料编号	材料名称	规格	单位	请领数量	实发数量	计划价格	
						单价	金额
003	润滑油		公斤	3	3	60	180

用途	铝铸件	领料部门		发料部门	
		负责人	领料人	核准人	发料人
			孙丽		钱进

② 财务记账联

业务 77-28

领 料 单

领料单位：铸造车间　　　　　　　　20　年12月21日　　　　　　　第1028号

材料 编号	材料 名称	规格	单位	请领 数量	实发 数量	计划价格	
						单价	金额
005	煤		吨	15	15	180	2700
用途	铝铸件	领料部门			发料部门		
		负责人	领料人		核准人		发料人
			孙丽				钱进

②
财务记账联

业务 77-29

领 料 单

领料单位：铸造车间　　　　　　　　20　年12月21日　　　　　　　第1029号

材料 编号	材料 名称	规格	单位	请领 数量	实发 数量	计划价格	
						单价	金额
004	油漆		公斤	15	15	40	600
用途	一般用	领料部门			发料部门		
		负责人	领料人		核准人		发料人
			赵亮				钱进

②
财务记账联

业务 77-30

领 料 单

领料单位：管理部门　　　　　　　　20　年12月23日　　　　　　　第1030号

材料 编号	材料 名称	规格	单位	请领 数量	实发 数量	计划价格	
						单价	金额
005	煤		吨	5	5	180	900
用途	取暖用	领料部门			发料部门		
		负责人	领料人		核准人		发料人
			王江				钱进

②
财务记账联

业务 77-31

原材料耗用汇总表

20　年 12 月 31 日　　　　　　　　附件　　张

类别 领料部门及用途		计 划 成 本					差异额 （差异 率：　）	实际成本
		主要材料	辅助材料	外购件	燃料	合 计		
铸造车间	铁铸件							
	铝铸件							
	一般用							
金工车间	空压机							
	一般用							
装配车间	空压机							
	一般用							
机修车间	修理用							
企业管理部门								
合　计								

会计主管：　　　　　　　复核：　　　　　　　　　　制单：

业务 78

固定资产折旧计算表

20　年 12 月 31 日

使用部门	类　别	月折旧率	上月折旧	上月增加固定资产		上月减少固定资产		本月折旧
				原 值	折 旧	原 值	折 旧	
铸造车间	房屋类	0.4%	1 800					
	机器设备类	0.8%	7 200					
	小　计							
金工车间	房屋类	0.4%	1 845					
	机器设备类	0.8%	7 380	80 000		50 000		
	小　计							
装配车间	房屋类	0.4%	1 740					
	机器设备类	0.8%	6 500					
	小　计							
机修车间	房屋类	0.4%	1 500					
	机器设备类	0.8%	4 380					
	小　计							
管理部门	房屋类	0.4%	4 185					
	管理设备类	2.64%	9 538			60 000		
	运输设备类	1.98%	2 125					
	小计							
合　　计								

会计主管：　　　　　　　复核：　　　　　　　　　　制单：

业务 79-1

车间产品耗用工时报告表

20　年 12 月份

车　　间	产　　品	生产工时	备　注
铸造车间	铁铸件	2 600	
	铝铸件	1 500	
金工车间	空压机	1 200	
装配车间	空压机	800	

制单：李江

业务 79-2

<u>工资费用分配表</u>

20　年 12 月 31 日

部门或产品		耗用工时	分配率	分配金额
铸造车间	铁铸件	2 600		
	铝铸件	1 500		
	小　计	4 100		
	管理人员			
金工车间	空压机			
	管理人员			
装配车间	空压机			
	管理人员			
机修车间				
管理部门				
销售部				
合　计				

会计主管：　　　　　　复核：　　　　　　　　　　制单：

业务 80

<u>职工福利分配表</u>

20　年 12 月 31 日

部门或产品		应付薪酬总额	提取率（14%）	分配金额
铸造车间	铁铸件			
	铝铸件			
	小　计			
	管理人员			
金工车间	空压机			
	管理人员			
装配车间	空压机			
	管理人员			
机修车间				
管理部门				
销售部				
合　计				

会计主管：　　　　　　复核：　　　　　　　　　　制单：

业务 81

"三险一金"提取计算表

20　年 12 月 31 日

部门或产品	项目	应付薪酬	养老保险 提取率 20%	医疗保险 提取率 8%	失业保险 提取率 2%	住房公积金 提取率 10%	合　计
铸造 车间	铁铸件	20 800					
	铝铸件	12 000					
	管理人员	4 200					
金工 车间	空压机	34 200					
	管理人员	3 300					
装配 车间	空压机	31 500					
	管理人员	3 600					
机修车间		5 000					
管理部门		52 300					
销售部		18 600					
合　计		185 500					

会计主管：　　　　　　　复核：　　　　　　　制单：

业务 82

工会经费、教育经费提取计算表

20　年 12 月 31 日

部门或产品	项目	应付薪酬	工会经费 提取率 2%	职工教育经费 提取率 1.5%	合　计
铸造 车间	铁铸件	20 800			
	铝铸件	12 000			
	管理人员	4 200			
金工 车间	空压机	34 200			
	管理人员	3 300			
装配 车间	空压机	31 500			
	管理人员	3 600			
机修车间		5 000			
管理部门		52 300			
销售部		18 600			
合　计		185 500			

会计主管：　　　　　　　复核：　　　　　　　制单：

业务 83

低值易耗品领用及摊销表

20　年 12 月 31 日

领用部门	类　别	计划成本		成本差异 （差异率：　　　）	实际成本
		本月领用	本月摊销		
金工车间	生产用具	600	600		
装配车间	生产用具	550	550		
机修车间	生产用具	200	200		
合计		1 350	1 350		

会计主管：　　　　　　　　　复核：　　　　　　　　　　　　制单：

注：采用一次摊销法。

业务 84

交易性金融资产公允价值变动表

20　年 12 月 31 日

投资类别	账面余额	公允价值	变动差额	应记科目
唐钢股票	100 000	98 000		
合　计	100 000	98 000		

会计主管：　　　　　　　　　复核：　　　　　　　　　　　　制单：

业务 85

坏账准备提取计算表

20　年 12 月 31 日

账户名称	期末余额	坏账提取率	应提取额	坏账准备余额	实际提取额
应收账款		5‰			
合　　计					

会计主管：　　　　　　　　　复核：　　　　　　　　　　　　制单：

业务 86

无形资产摊销计算表

20 年 12 月 31 日

无形资产类别	应摊销金额（元）	摊销期限（年）	本月摊销额（元）	应记科目
商标权	22 270	5		
专利权	132 000	8		
合 计				

会计主管　　　　　　　　　　复核：　　　　　　　　　　　　制单：

业务 87

辅助生产费用分配表

20 年 12 月 31 日

受益单位	修理工时	分配率(%)	分配金额	应借科目
铸造车间	260			
金工车间	300			
装配车间	200			
管理部门	40			
合 计	800			

会计主管：　　　　　　　　　复核：　　　　　　　　　　　　制单：

注：分配率保留 4 位小数。

业务 88

制造费用分配表

20 年 12 月 31 日

车间名称	产品名称	生产工时	分配率(%)	分配金额	应借科目
铸造车间	铁铸件	2 600			
	铝铸件	1 500			
小　计		4 100			
金工车间	空压机				
装配车间	空压机				
合　　计					

会计主管：　　　　　　　　　复核：　　　　　　　　　　　　制单：

注：分配率保留 4 位小数 。

业务 89-1

生产情况报告表

编报单位：铸造车间　　　　　　　　　　20　年 12 月 31 日

产品名称	单位	月初在产品	本月投产	本月完工入库	月末在产品	在产品完工率	在产品投料率
铁铸件	吨		400	350	50	50%	100%
铝铸件	吨		160	120	40	50%	100%

制单：孙立

业务 89-2

铸造车间成本计算单

产品名称：铁铸件　　　　　　　　　　　　　　　　　　单位：元

项　　目	直接材料	直接工资	制造费用	合　　计
本月生产费用合计				
完工产品产量				
在产品约当产量				
分配率				
完工产品成本				
月末在产品成本				

审核：　　　　　　　　　　　　　　　　制单：

注：分配率保留 4 位小数。

业务 89-3

铸造车间成本计算单

产品名称：铝铸件　　　　　　　　　　　　　　　　　　单位：元

项　　目	直接材料	直接工资	制造费用	合　　计
本月生产费用合计				
完工产品产量				
在产品约当产量				
分配率				
完工产品成本				
月末在产品成本				

审核：　　　　　　　　　　　　　　　　制单：

注：分配率保留 4 位小数。

业务 89-4

自制半成品入库汇总表

20 年 12 月 31 日   附件 5 张

产品名称	单位	完工产量	单位成本	总成本
铁铸件	吨	350		
铝铸件	吨	120		
合　计				

审核：   制单：

业务 90

自制半成品领用汇总表

领用单位：金工车间

用　　途：制造空压机   20　年 12 月 31 日   附件 2 张

产品名称	单位	数量	单位成本	总成本	应借科目
铁铸件	吨	300			
铝铸件	吨	100			
合　计					

审核：   制单：

注：（1）根据自制半成品明细账取得加权平均单位成本资料后，再计算总成本。

（2）根据该表将铁铸件、铝铸件的成本综合转入空压机成本计算单，并编制记账凭证。

业务 91-1

生产情况报告表

编报单位：金工车间   20　年 12 月 31 日

产品名称	单位	月初在产品	本月投产	本月完工入库	月末在产品	在产品完工率	在产品投料率
空压机	台	2 000	8 600	9 600	1 000	50%	100%

制单：赵红

111

业务 91-2

金工车间成本计算单

产品名称：空压机　　　　　　　　　　　　　　　　　　　　　单位：元

项　　目	自制半成品	直接材料	直接工资	制造费用	合　计
生产费用累计					
完工产品产量					
在产品约当产量					
分配率					
完工产品成本					
月末在产品成本					

审核：　　　　　　　　　　　　　　　　　　　　制单：

注：分配率保留 4 位小数。

业务 91-3

自制半成品转移单

交付单位：金工车间　　　　　　　　　20　年 12 月 31 日

产品名称	单位	检验结果		交付单位			接收单位		
		合格	不合格	数量	单位成本	金额	数量	单位成本	金额
空压机	台	9 600		9 600			9 600		
合　计				9 600			9 600		

车间主任：王霄　　　检验：郑泰　　　接收单位：装配车间　　　经办人：赵新

注：金工车间生产的半成品直接转入装配车间。

业务 92-1

生产情况报告表

编报单位：装配车间　　　　　　　　　20　年 12 月 31 日

产品名称	单位	月初在产品	本月投产	本月完工入库	月末在产品	在产品完工率	在产品投料率
空压机	台	1 400	9 600	9 200	1 800	50%	100%

制单：李进

业务 92-2

装配车间成本计算单

产品名称：空压机   单位：元

项　目	自制半成品	直接材料	直接工资	制造费用	合　计
生产费用累计					
完工产品产量					
在产品约当产量					
分配率					
完工产品成本					
月末在产品成本					

审核：　　　　　　　　　　　　　制单：

注：分配率保留 4 位小数。

业务 92-3

装配车间完工产品入库汇总表

20　　年 12 月 31 日　　　　　　　　　　　　　　附件 3 张

产品名称	单位	完工产量	单位成本	总成本
空压机	台	9200		
合　计				

制单：

注：结转完工产成品成本。

业务 93

产品销售汇总表

20　　年 12 月 31 日　　　　　　　　　　　　　　附件　　张

产品名称	计量单位	销售数量	单位成本	总成本
空压机	台			
铝铸件	吨			
合计				

会计主管：　　　　　记账：　　　　　复核：　　　　　　　制单：

提示：（1）根据产品出库单统计销售数量。

（2）该表单位成本为平均单位成本（保留 2 位小数）。

（3）销售成本应倒挤。

业务 94

城建税及教育费附加计算表

20 　年 12 月 31 日

项　　目	计税依据	税率	应交税（费）金额
城建税		7%	
教育费附加		3%	
地方教育费附加		2%	
合　　计			

会计主管：　　　　记账：　　　　复核：　　　　　制单：

业务 94

填制城建税申报表和教育费附加申报表。

业务 95-1

内 部 转 账 单

20 　年 12 月 31 日

摘　　　　要	转账项目	金　　额
结转收入类账户净发生额	主营业务收入	
	营业外收入	
合　　　　　计		

会计主管：　　　　记账：　　　　复核：　　　　　制单：

业务 95-2

内 部 转 账 单

20　　年 12 月 31 日

摘　　　要	转账项目	金　　额
结转费用类账户余额	主营业务成本	
	销售费用	
	营业税金及附加	
	管理费用	
	财务费用	
	营业外支出	
	资产减值损失	
	公允价值变动损益	
	投资收益	
合　　　　　　　计		

会计主管：　　　　记账：　　　　复核：　　　　　　制单：

业务 96

所得税费用计算表

20 年　12 月 31 日　　　　　　　　金额单位：元

项　　目	行　次	金　　额
1.税前会计利润	1	
2.纳税调整额		
（1）纳税调整增加额	2	
（2）纳税调整减少额	3	
3.应纳税所得额	4=1+2-3	
4.适用税率	5	
5.当期所得税费用	6=4×5	
6.递延所得税费用		
（1）递延所得税负债增加额	7	
（2）递延所得税资产减少额	8	
（3）递延所得税资产增加额	9	
（4）递延所得税负债减少额	10	
7.所得税费用	11=6+7+8-9-10	

会计主管：　　　　记账：　　　　复核：　　　　　　制单：

119

业务 96

填制企业所得税申报表。

业务 97

所得税费用结转表

20　年 12 月 31 日

应借科目	所得税费用金额	应贷科目
本年利润		所得税费用
合　计		

会计主管：　　　　　记账：　　　　　复核：　　　　　制单：

业务 98

盈余公积提取计算表

20　年 12 月 31 日

项　　目	计提依据		提取比例	提取金额
	项　　目	金　额		
法定盈余公积	税后净利润		10%	
公益金	税后净利润		5%	
合　计				

会计主管：　　　　　记账：　　　　　复核：　　　　　制单：

业务 99

向投资者分配利润计算表

_____年度

项　目	行　次	金　额	分配率	分配额
上年未分配利润	1			——
本年净利润	2			——
可供分配利润	3＝1＋2			——
法定盈余公积	4			——
公益金	5			——
应付投资者股利	6＝3－4－5			
其中：国家	7	——		
佳丽公司	8	——		

会计主管：　　　　　记账：　　　　　复核：　　　　　　　制单：

业务 100-1

全年净利润结转表

20　年 12 月 31 日

应借科目	全年净利润	应贷科目
合　　计		

会计主管：　　　　　记账：　　　　　复核：　　　　　　　制单：

业务 100-2

已分配利润结转表

20　年 12 月 31 日

项　　目	金　　额
利润分配——提取法定盈余公积	
利润分配——提取公益金	
利润分配——应付利润	
合　　计	

会计主管：　　　　　记账：　　　　　复核：　　　　　　　制单：

经办员岗位 起点业务明细表

日期	业务编号	业务内容	备注
1	3	报销差旅费	传递差旅费报销单
2	4	支付装修费	传递费用报销单、费用发票
2	5	预付诉讼费	传递法院收费票据
2	7	换入笔记本电脑	传递开具发票申请单、专用发票、固定资产交接单、产品出库单、转账支票
3	8	付宽带费	传递费用报销单、费用发票
3	10	购入卡车	传递固定资产验收单、专用发票
3	11	支付招待费	传递费用报销单、费用发票
4	12	报销通讯费	传递费用报销单、费用发票
4	13	报销邮电费	传递费用报销单、费用发票
5	14	材料入库	传递收料单
5	15	销售空压机 1000 台	传递开具发票申请单、产品出库单、转账支票
6	17	投资股票	传递证券交易报告单
6	18	购办公用品	传递费用报销单、费用发票
8	23	支付广告费	传递费用报销单、费用发票
8	24	支付卫生费	传递费用报销单、费用发票
8	25－1	销售空压机 2000 台	传递开具发票申请单、产品出库单、专用发票、运费垫支凭证
8	25－2	垫付运费	
9	26	材料入库	传递收料单
9	27	材料入库	传递收料单
9	28	销货退回	传递开具发票申请单、退货证明单、产品入库单
10	31	支付展销费	传递费用报销单、费用发票
10	32	交纳住房积金	传递住房积金收据
11	35	材料入库	传递收料单
11	36	销售空压机 1500 台	传递开具发票申请单、产品出库单、转账支票
11	38	支付招待费	传递费用报销单、费用发票
12	39	报销医药费	传递医药费报销单及附件
12	40	支付职工培训费	传递费用报销单、费用发票
13	43	预付下年报刊费	传递费用报销单、收据
14	44	接受捐赠轿车一辆	传递捐赠协议书、固定资产验收单
14	45	以空压机偿还债务	传递开具发票申请单、债务重组协议、产品出库单

日期	业务编号	业务内容	备　　注
14	46	结算诉讼费	传递诉讼费收费票据
15	48	向灾区捐款	传递收据
15	49	支付暖气费	传递费用报销单、专用发票
16	50	支付工程款	传递费用报销单、发票
16	52	借支差旅费	传递借款单
17	53	出售设备	传递开具发票申请单、固定资产清理单、转账凭证
17	54	支付电费	传递费用报销单、专用发票
18	55	报销差旅费	传递差旅费报销单
18	56	购入电烤箱	传递固定资产验收单、商业发票
19	57	销售铝铸件	传递开具发票申请单、产品出库单、银行本票
19	58	支付水费	传递费用报销单、专用发票
19	59	销售空压机	传递开具发票申请单、商品销售代销清单、商业发票、银行本票、转账支票
21	61	支付图纸复印费	传递费用报销单、费用发票
24	63	支付排污费	传递费用报销单、费用发票
25	65	支付职工抚恤金	传递补助申请单
27	67	支付下年财产保险费	传递费用报销单、专用发票

业务3

差 旅 费 报 销 单

20　年 12 月 1 日　　　　　　　　　　　　附单据 8 张

部门	销售部			出差人		周 明			事由	采购材料			

出 发 地			到 达 地			公 出 补 贴			车船费	卧铺	住宿费	市内车费	其他	合 计
月	日	地点	月	日	地点	天数	标准	金额						
11	20	凤山	12	1	北京	12	15	180	100		1040	15	130	1465
合　　　计								180	100		1040	15	130	1465

报销总额	人民币（大写）	壹仟肆佰陆拾伍元整	预借旅费	1500	补领金额	—
					归还金额	35.00

会计主管：　　　　复核：　　　　出纳：　　　　报销人：周明

注：有关单据略去。

业务4-1

费 用 报 销 单

部门：办公室　　　　　20　年 12 月 2 日　　　　　附件：1 张

开 支 内 容	金 额	结 算 方 式
会议室装修费	5 600.00	1.冲借款_____元
		2.转账¥5 600.00____元
		3.现金付讫_____元
合计（大写）伍仟陆佰元整		4.汇款 _____ 元

会计主管：　　　单位负责人：××　　　　出纳：　　　　经办人：

127

业务 4-2

××省国家税务局手工发票

发票联

发票代码：1041010101
发票号码：100821

付款单位：华光有限责任公司　　　　　20　年12月2日

项 目 内 容	金 额						备 注
	千	百	十	元	角	分	
材料费	2	6	0	0	0	0	公司会议室
人工费	3	0	0	0	0	0	装修费
合计人民币（大写）伍仟陆佰元整	5	6	0	0	0	0	

收款单位名称：景泰装修公司　　　　　　　　　　　　　　开票人：张玉
收款单位税号：201335500123

业务 5

人民法院诉讼收费专用票据 （预收）

中院 №0012356

20　年12月2日　　　　　档案号（2010-25）　　　　　字第 1230 号

交款人	华光有限责任公司		收款银行
预　交	案件受理费、申请费：¥350.00		工行北郊分理处
诉讼费	其他诉讼费：¥2 000.00		
合计（大写）贰仟叁佰伍拾元整	¥2 350.00		收据专用
1.此联交预交款人收存，盖诉讼收费专用章有效。	诉讼收费		收费专用章
2.本票据不作为报销凭证。	专用章		

会计主管：　　　　　　　　　　　　　　经办人：郑伟

业务 7-1

固定资产交接单

20　年12月2日

移交单位	中旺有限责任公司	接受单位	公司办
物品名称	笔记本电脑	规格	AT4200
技术特征		数量	1
附属物		品牌	IBM
建造企业	IBM	出厂或建成年月	20　年10月
安装单位		安装完工年月	
原价	6 000.00	安装费	
税金	68.00	原始价值	6 068.00
移交单位负责人	张军	接受单位负责人	赵莲

业务 7-2

××省增值税专用发票

发票联

№200757701

开票日期：　20　年12月2日

购货单位	名　称：	华光有限责任公司
	纳税人识别号：	030218001231818
	地址、电话：	复兴路25号
	开户银行及账号：	工行凤山支行 610028-22

密码区：
6+-〈2〉6〉927+296+/ ＊　加密版本：02
446〈600375〈35〉〈4/ ＊ 37009931455
2-2〈2051+24+2618〈7
09050445/3-15〉〉09/5/-1〉〉〉+3

商品或劳务名称	计量单位	数量	单价	金　额									税率(%)	税　额							
				百	十	万	千	百	十	元	角	分		十	万	千	百	十	元	角	分
笔记本电脑	台	1	6000				6	0	0	0	0	0	17			1	0	2	0	0	0
合　计						¥	6	0	0	0	0	0			¥	1	0	2	0	0	0

价税合计（大写）	柒仟零贰拾元零角零分	¥ 7 020.00

销货单位	名　称：	中旺有限责任公司	备注
	纳税人识别号：	510023000997	
	地址、电话：	建设路10号	
	开户银行及账号：	工行丽景办 9023051	

收款人：　　　　　复核：　　　　　开票人：李丽　　　　　销货单位：（章）

业务 7-3

产成品出库单

购货单位：红星汽车厂　　　　　　　　　20　年12月2日　　　　　　　　第 1 号

产品名称	规格型号	计量单位	出库数量	单 价	金 额
空压机		台	20		
合　计			20		

销售部负责人：××　　　　　　仓库经办人：任明　　　　　制单：段晓丽

注：出库单专夹保管，月末凭此联统计销货数量。（下同）

业务 7-4

华光有限责任公司**开具增值税发票申请单**

发票抬头	发票金额	单位	数量	单价	发票内容	地址	税号	开户行账号
中旺有限责任公司	6 400	台	20	320	空压机	略	510023000997	工行 9023051

申请人：销售部　　　　　　　　　　　　　　　　　日期：20　年12月2日

业务 7-5

中国工商银行　　　　　转账支票

348005610

付款期限自出票之日起十天

出票日期（大写）贰零　年壹拾贰月零贰 日　　　　付款行名称：中国工商银行丽景办事处
收款人：华光有限责任公司　　　　　　　　　　出票人账号：9023051

人民币（大写）	肆佰元整	千	百	十	万	千	百	十	元	角	分
							¥	4	0	0	0	0

用途 货款
上列款项请从我账户内支付
出票人签章

密码 2568900256
行号 12210584275

复核　　　记账

133

业务 8-1

<h2 style="text-align:center">费 用 报 销 单</h2>

部门：办公室　　　　　　　20　年 12 月 3 日　　　　　　　附件：1 张

开 支 内 容	金 额	结 算 方 式
宽带费	3 000.00	1.冲借款_____元
		2.转账¥3 000.00____元
		3.现金付讫_____元
合计（大写）叁仟元整		4.汇款 _____ 元

会计主管：　　　　单位负责人：××　　　出纳：　　　　经办人：

业务 8-2

<h3 style="text-align:center">××省国家税务局手工发票</h3>
<h3 style="text-align:center">发票联</h3>

发票代码：221050388761

发票号码：1008932557

付款单位：华光有限责任公司　　　　　　20　年 12 月 3 日

项 目 内 容	金 额					
	千	百	十	元	角	分
ADSL 壹年（续费）	3	0	0	0	0	0
合计人民币（大写）叁仟零佰零拾零元零角零分	3	0	0	0	0	0

收款单位名称：中国联通凤山市分公司

收款单位税号：77497802356

发票专用章

开票人 李峰

业务 10-1

第二联 发票联 购货方记账凭证

×·×省增值税专用发票

税务 发票联

开票日期：　20　年 12 月 3 日　　　　　　　　　　　　　　№857701

购货单位	名　　称：	华光有限责任公司										密码区	6+-〈2〉6〉927+296+/＊　加密版本：02 446〈700375〈35〉〈4/＊　92009931450 2-2〈2051+24+2618〈7 08050445/3-15〉〉09/5/-1〉〉〉+3
	纳税人识别号：	030218001231818											
	地址、电话：	复兴路 25 号											
	开户银行及账号：	工行凤山支行 610028-22											

商品或劳务名称	计量单位	数量	单价	金　　额									税率(%)	税　　额							
				百	十	万	千	百	十	元	角	分		十	万	千	百	十	元	角	分
卡车	台	1	300 000		3	0	0	0	0	0	0	0	17		5	1	0	0	0	0	0
合计				￥	3	0	0	0	0	0	0	0		￥	5	1	0	0	0	0	0

价税合计（大写）	⊗叁拾伍万壹仟元零角零分　　　　　　　　　　　￥351 000.00

销货单位	名　　称：	汽车专卖店	备注
	纳税人识别号：	223652632652352	
	地址、电话：	（略）	
	开户银行及账号：	工行南郊支行 17235889	

收款人：　　　　　复核：　　　　　　开票人：　　　　　　销货单位：（章）

业务 10-2

固定资产验收单

20　年 12 月 3 日

名　称	规格型号	单位	数量	设备价款	预计使用年限	使用部门
卡车		台	1	300 000	5	公司办
合　计			1	￥300 000		

单位主管：　　　　　　检验：李峰　　　　　　经办：

业务 11-1

费 用 报 销 单

部门：办公室　　　　　　　20　　年 12 月 3 日　　　　　　附件：1 张

开 支 内 容	金 额	结 算 方 式
招待费	1 500.00	1.冲借款＿＿＿＿＿元
		2.转账￥1 500.00＿＿元
		3.现金付讫＿＿＿＿元
合计（大写）壹仟伍佰元整		4.汇款＿＿＿＿＿元

会计主管：　　　　单位负责人：　　　　出纳：　　　　经办人：

业务 11-2

××省国家税务局专用发票

发 票 联

发票代号 7789561
发票号码 1034899

付款单位：华光有限责任公司　　　　　20　　年 12 月 3 日

项 目 内 容	金 额							备 注
	万	千	百	十	元	角	分	
住宿费			6	0	0	0	0	
餐 费			9	0	0	0	0	
合计人民币（大写）壹仟伍佰元整	￥	1	5	0	0	0	0	

收款单位名称：凤山市晨光大酒店　　　　　　　开票人 韦冰

收款单位税号：13025618701

第二联 发票联

139

业务 12-1

费 用 报 销 单

部门：办公室   20　年 12 月 4 日   附件：1 张

开 支 内 容	金 额	结 算 方 式
通讯费	185.80	1. 冲借款 _____ 元
		2. 转账 _____ 元
		3. 现金付讫 ¥185.80 元
合计（大写）壹佰捌拾伍元捌角整		4. 汇款 _____ 元

会计主管：　　　　单位负责人：　　　　出纳：　　　　经办人：

业务 12-2

中国移动公司凤山市收款专用发票

发 票 联

代码：221050388761

20　年 12 月 4 日   № 10032557

用户名称	方圆 13832966580		
合同号码		起止日期	20　年 11 月
本期收费明细及金额		**金额结存**	
市话费：134.60		500.00	
国内长途费：9.20		185.80	
漫游费：36.90		314.20	
月租费：5.00			
短信费：			
数据通信费：0.10			
合计金额	⊗仟壹佰捌拾伍元捌角零分	发票专用章	¥ 1 8 5 8 0

业务 13-1

费 用 报 销 单

部门：销售部　　　　　　　20　年12月4日　　　　　　附件：1张

开 支 内 容	金 额	结 算 方 式
邮电费	120.00	1.冲借款＿＿＿＿＿元
		2.转账＿＿＿＿＿元
		3.现金付讫 ¥120.00 元
合计（大写）壹佰贰拾元整		4.汇款 ＿＿＿＿＿元

会计主管：　　　　单位负责人：××　　　　出纳：　　　　经办人：

业务 13-2

邮政业专用发票

发票联

代码：221040611589

20　年12月4日　　　　№ 0056321

用户名称	华光有限责任公司				
业务种类	数量	邮费	其他费	金额
邮 费		110.00	10.00	120.00
合计金额	壹佰贰拾元整			¥120.00

收款单位（盖章有效）　　　　收款人：　　　　开票人：刘红

第二联　报销联

143

业务 14

供货单位：承德配件厂

发票号码：757701

收　料　单

20　年　12月5日

编号：1

仓库：材料库

材料类别	材料名称	规格	单位	数量		实际价格				计划价	
				应收	实收	单价	总价	运杂费	合计	单价	总价
外购件	标准件		套	20 000	20 000	6.20	124 000		124 000	6	120 000
备注		合　计							124 000		120 000

收料人（签章）季雨

业务 15-1

华光有限责任公司开具增值税发票申请单

发票抬头	发票金额	单位	数量	单价	发票内容	地址	税号	开户行账号
红星汽车厂	320 000	台	1 000	320	空压机	略	3202010001857	工行 261789

申请人：销售部

日期：20　年12月5日

业务 15-2

产成品出库单

购货单位：红星汽车厂　　　　　　　　20　　年12月5日　　　　　　　　第 2 号

产品名称	规格型号	计量单位	出库数量	单 价	金 额
空压机		台	1 000		
合　计			1 000		

销售部负责人：孙立　　　　　　　　仓库经办人：任明　　　　　　　　制单：段晓丽

业务 15-3

中国工商银行　　　　　**转账支票**

348005610

付款期限自出票之日起十天

出票日期（大写）贰零　　年壹拾贰月 零五日　　　　　　付款行名称：中国工商银行

收款人：华光有限责任公司　　　　　　　　　　出票人账号：261789

人民币（大写）	叁拾柒万肆仟肆佰元整	千	百	十	万	千	百	十	元	角	分
			¥	3	7	4	4	0	0	0	0

用途　货款　　　　　　　　　　　　密码 188705987
上列款项请从　　　　　　　　　　　行号 4787695
我账户内支付
出票人签章

王丽之印　　　　　复核　　　记账

147

业务 17

证券交易成交报告单[买入成交]

凤山市证券营业部

<table>
<tr><td rowspan="13" style="writing-mode: vertical;">凤山市税务局监制</td><td>成交日期：12.06</td><td>打印日期：12.06</td><td rowspan="13" style="writing-mode: vertical;">③ 通知联</td></tr>
<tr><td>资金账号：000302287961</td><td>证券账号：A265830128</td></tr>
<tr><td>客户姓名：华光有限责任公司</td><td>证券名称：中海油股份</td></tr>
<tr><td>申报日期：12.06</td><td>申报编号：1020010325</td></tr>
<tr><td>申报时间：10:30:15</td><td>成交时间：11:10:25</td></tr>
<tr><td>成交数量：2 000</td><td>佣金： 33.00</td></tr>
<tr><td>成交均价：26.00</td><td>印花税： 16.00</td></tr>
<tr><td>成交金额：52 000.00</td><td>过户费： 1.00</td></tr>
<tr><td>收付金额：52 050.00</td><td>附加费用：</td></tr>
<tr><td>前/后金额：85 000.00/32 960.00</td><td></td></tr>
<tr><td>本次余股：2 000.00</td><td></td></tr>
</table>

经办单位：　　　　　　　　　　　　　　　　客户盖章：

业务 18-1

费 用 报 销 单

部门：办公室　　　　　　　　　20　　年 12 月 6 日　　　　　　　附件：1 张

开 支 内 容	金 额	结 算 方 式	
办公费	142.30	1.冲借款_____元	
		2.转账_____元	
		3.现金付讫 ¥142.30 元	
合计（大写）壹佰肆拾贰元叁角整		4.汇款 _____元	

会计主管：　　　　单位负责人：×× 　　　　出纳：　　　　经办人：

149

业务 18-2

凤山市商业统一发票

购货单位：华光有限责任公司　　　20　年12月6日　　　№ 0269554

品　名	规　格	单　位	数　量	单　价	金　额								备注：
					万	千	百	十	元	角	分	办公室领用
办公纸		本	100	1.20		1	2	0	0	0		
圆珠笔		支	3	2.00				6	0	0		
笔记本		本	2	1.90				3	8	0		
墨水		瓶	5	2.5				1	2	5	0	
合　计						¥	1	4	2	3	0	

合计人民币（大写）壹佰肆拾贰元叁角整

开票人：张力

业务 23-1

费 用 报 销 单

部门：销售部　　　　　　　20　年12月8日　　　　　　附件：1张

开支内容	金　额	结 算 方 式
广告费	5 000.00	1.冲借款_____元
		2.转账 ¥5 000.00_____元
		3.现金付讫_____元
合计（大写）伍仟元整		4.汇款 _____元

会计主管：　　　　　单位负责人：××　　　　　出纳：　　　　　经办人：

业务 23-2

××省国家税务局手工发票
发票联

发票代号 330012567
发票号码 00198012

付款单位：华光有限责任公司　　　　　　20　年12月8日

项 目 内 容	金 额							备 注
	万	千	百	十	元	角	分	
广告费		5	0	0	0	0	0	
合计人民币（大写）伍仟元整	￥	5	0	0	0	0	0	

收款单位名称：达意广告公司　　　　　　　　　　　　　开票人 张莉
收款单位税号：10239258

第二联 发票联

业务 24-1

费 用 报 销 单

部门：办公室　　　　　　　　20　年12月8日　　　　　　　　附件：1张

开 支 内 容	金 额	结 算 方 式
卫生费	230.00	1. 冲借款＿＿＿＿＿元
		2. 转账 ￥230.00＿＿＿元
		3. 现金付讫＿＿＿＿元
		4. 汇款 ＿＿＿＿＿元
合计（大写）贰佰叁拾元整		

会计主管：　　　　单位负责人：××　　　　出纳：　　　　　　经办人：

业务 24-2

收 据

20　年12月8日　　　　　№0061185

缴款单位（人）	华光有限责任公司		
款项内容	环境卫生费	收款方式	支票
人民币（大写）	贰佰叁拾元整		￥230.00
备注		收款单位盖章	收款人签章　张录

二 收据

153

业务 25-1

华光有限责任公司开具增值税发票申请单

发票抬头	发票金额	单位	数量	单价	发票内容	地址	税号	开户行账号
长春一汽	640 000	台	2 000	320	空压机	略	51005210003049	工行 1603218

申请人：销售部　　　　　　　　　　　　　　　　　　　　日期：20　年12月8日

业务 25-2

产成品出库单

购货单位：长春一汽　　　　　　　　　　20　年12月8日　　　　　　　　第3号

产品名称	规格型号	计量单位	出库数量	单价	金额
空压机		台	2 000		
合 计			2 000		

销售部负责人：　　　　　　　仓库经办人：霍清　　　　　　　制单：孙颖

业务 25-3

运 费 垫 支 凭 证

20　年12月8日

收货单位	运单号	货物名称	发运数量	运费	保险费	其他	金额合计	经手人
长春一汽	2012005	空压机	2000 台	200.00			200.00	鲁中
合 计							¥200.00	

业务 25-4

铁 路 货 票 （简化格式）

20　年12月8日　　　　　　　　　　编号：124156

收货人		长春一汽				发货人	华光有限责任公司	
到站	长春市	发站	凤山市	车种车号		运价里程		
货物名称	件数	包装	货物重量	计费重量	运价率	费别	金额	
空压机	2 000 台					运费	200.00	
						装车费		
人民币大写：贰佰元整						合计	￥200.00	

发站承运日期戳：20　12.8　　　　　　　　　　发站经办人：

业务 26

供货单位：山西大同煤矿

收 料 单

发票号码：00057644　　　　　　20　年12月9日　　　　　编号：3　　仓库：材料库

材料类别	材料名称	规格	单位	数量		实际价格				计划价	
				应收	实收	单价	总价	运杂费	合计	单价	总价
燃料	原煤		吨	50	50	180	9 000	445	9 445	180	9 000
备注		合计					9 000	445	9 445		9 000

收料人（签章）季雨

业务 27

供货单位：首都钢厂

收 料 单

发票号码：0682033　　　　　　20　年12月9日　　　　　编号：4　　仓库：材料库

材料类别	材料名称	规格	单位	数量		实际价格				计划价	
				应收	实收	单价	总价	运杂费	合计	单价	总价
主要材料	生铁		吨	300	300	1 000	300 000	534	300 534	1 000	300 000
备注		合计					300 000	534	300 534		300 000

收料人（签章）季雨

业务 28-1

企业进货退出及索取折让证明单

国税字（886）第 1009 号

销货单位纳税识别号：030218001231818

销货单位纳税人名称：华光有限责任公司　　　　　　　　　　　　　　№000512008

原开票情况	发票种类	发票名称	发票号码	发票代码	开票日期
	增值税专用发票	增值税专用发票	0018725	210408112	20 .11.20

进货退出	货物名称	单 价	数 量	金 额	税 额
	空压机	320.00	7	2 240.00	380.80

索取折让	货物名称	金 额	税 额	要 求	
				折让金额	折让税额

退货或索取折让的理由	产品型号不符合购货单位要求 单位（盖章） 经办人：20 年 12 月 9 日	区征收 机关 经办人： 盖税专用章（服）长： 主管局长：20 年 12 月 9 日

购货单位	全称	22 冶机电公司
	税务登记号	220508660017885

业务 28-2

产成品入库单

交货单位：22 冶机电公司　　　　　　20 年 12 月 9 日　　　　　　第 1 号

产品名称	规格型号	计量单位	入库数量	单价	金 额	备 注
空压机		台	7	158	1 106.00	
						销货退货
合 计					1 106.00	

销售部负责人：　　　　　　仓库经办人：霍清　　　　　　制单：孙颖

业务 28-3

华光有限责任公司开具增值税发票申请单

发票抬头	发票金额	单位	数量	单价	发票内容	地址	税号	开户行账号
22 冶机电公司	2 240	台	7	320	空压机	略	508660017885	工行 384107

申请人：销售科　　　　　　　　　　　　　　　　　日期：20　年 12 月 9 日

业务 31-1

费 用 报 销 单

部门：销售部　　　　　　　　20　年 12 月 10 日　　　　　　　　附件：1 张

开 支 内 容	金 额	结 算 方 式
展览费	2 000.00	1.冲借款_____元
		2.转账¥2 000.00_____元
		3.现金付讫_____元
合计（大写）贰仟元整		4.汇款_____元

会计主管：　　　　单位负责人：××　　　　出纳：　　　　经办人：

业务 31-2

××省国家税务局手工发票

发票联

发票代号 7784506
发票号码 5046162

付款单位：华光有限责任公司　　　　20　年 12 月 10 日

项 目 内 容	金 额								备 注
	万	千	百	十	元	角	分		
产品展销费（10 天）		2	0	0	0	0	0		
合计人民币（大写）贰仟元整		¥	2	0	0	0	0	0	

凤山市会展中心
发票专用章

收款单位名称：凤山市会展中心　　　　　　　　开票人 薛鑫
收款单位税号：010235687002

第二联 发票联

161

业务 32

住房公积金专用缴款收据

20　年 12 月 10 日　　　　　　　　　№50263719

缴款单位	华光有限责任公司	公积金账号	007393	单位性质	有限责任公司
单位人数		汇缴期间	20 年 11 月	缴款方式	支票

人民币（大写）	叁万贰仟元整		百	十	万	千	百	十	元	角	分
		¥		3	2	0	0	0	0	0	0

住房公积金管理机构盖章		备注	单位：16 000 元　个人：16 000 元

缴款单位记账

业务 35

收料单

供货单位：山东铝业　　　　　　　　　　　　　　　　　　编号：5
发票号码：00976138　　　　20　年 12 月 11 日　　　　　仓库：材料库

材料类别	材料名称	规格	单位	数量		实际价格				计划价	
				应收	实收	单价	总价	运杂费	合计	单价	总价
原料	铝材		吨	20	20	8 900	178 000	712	178 712	9 000	180 000
备注			合计				178 000	712	178 712		180 000

收料人（签章）季雨

业务 36-1

华光有限责任公司开具增值税发票申请单

发票抬头	发票金额	单位	数量	单价	发票内容	地址	税号	开户行账号
唐海农机制造厂	480 000	台	1500	320	空压机	略	21000056302	工行 6130217

申请人：销售科　　　　　　　　　　　　　　　　日期：20　年 12 月 11 日

业务 36-2

产成品出库单

购货单位：唐海农机制造厂　　　　　　　　20　年12月11日　　　　　　　　第 4 号

产品名称	规格型号	计量单位	出库数量	单价	金　额
空压机		台	1 500		
合　计			1 500		

销售部负责人：　　　　　　　　仓库经办人：霍清　　　　　　　　制单：孙颖

业务 36-3

付款期限
壹 个 月

中国工商银行　　　　　解讫
　　　　　　　　　　　　通知

银 行 汇 票　　　　3

出票日期

（大写）贰零　　　　年 壹拾贰月壹拾壹日

		代理付款行：工商银行　　　行号：348659023

收款人：华光有限责任公司	账号：610028-22										
出票金额人民币（大写）伍拾伍万壹仟陆佰元整											
实际结算金额（大写）伍拾伍万壹仟陆佰元整		千	百	十	万	千	百	十	元	角	分
			¥	5	5	1	6	0	0	0	0

申请人：唐海农机制造厂　　　账号：21605-1

出票行：工行唐海支行　　行号：3802　　密押：

备注_____	多　余　金　额								
代理付款行签章		百	十	万	千	百	十	元	角	分
复核　　经办　张林										

复核　　　　　记账

业务 38-1

费 用 报 销 单

部门：办公室　　　　　　　　　20　年 12 月 12 日　　　　　　　　附件：1 张

开 支 内 容	金　额	结 算 方 式	
招待费	500.00	1.冲借款＿＿＿＿＿元	
		2.转账＿＿＿＿＿元	
		3.现金付讫 ¥500.00 元	
合计（大写）伍佰元整		4.汇款 ＿＿＿＿＿元	

会计主管：　　　　　　单位负责人：××　　　　　　出纳：　　　　　　经办人：

业务 38-2

××省国家税务局职工发票

发票联 监制

发票代号 0111256732
发票号码 50124698

付款单位：华光有限责任公司　　　　　　20　年 12 月 11 日

项 目 内 容	金　额							备　注	
	万	千	百	十	元	角	分		
中餐费			5	0	0	0	0		
合计人民币（大写）伍佰元整			¥	5	0	0	0	0	

收款单位名称：凤山市名流大酒店　　　　　　　　开票人 张勋
收款单位税号：02135622001

第二联 发票联

业务 39-1

职工医药费报销单

20　年 12 月 12 日　　　　　　　　　　　附件 2 张

职工姓名	王一楠	家属姓名		与职工关系		
项目	单据张数	金额	报销比例	报销金额	说明	
中药费						
西药费						
门诊	2	365.00	100%	365.00		
实报金额（大写）叁佰陆拾伍元整						

会计主管　　　　　　　审核　　　　　　　　　　领款人：王一楠

167

业务 39-2

凤山市工人医院门诊收费收据

（收据联）　№2106987

姓名：王一楠　20 年 12 月 2 日

费别	金额	费别	金额
西药费	133.00	诊查费	
中草药		化验费	20.00
中成药		治疗费	15.00
检查费	10.00	手术费	
		输血费	
放射费		输氧费	
		其他	
合计	壹佰柒拾捌元整		

收款人：　　　　总计：178.00

盖章有效　遗失不补

业务 39-3

凤山市工人医院门诊收费收据

（收据联）　№210778527

姓名：王一楠　20 年 12 月 8 日

费别	金额	费别	金额
西药费	172.00	诊查费	
中草药		化验费	
中成药		治疗费	15.00
检查费		手术费	
		输血费	
放射费		输氧费	
		其他	
合计	壹佰捌拾柒元整		

收款人：　　　　总计：187.00

盖章有效　遗失不补

业务 40-1

费 用 报 销 单

部门：办公室　　　　　　　　　　20　　年 12 月 12 日　　　　　　　　　　附件：1 张

开 支 内 容	金 额	结 算 方 式	
职工培训费	1 600.00	1.冲借款＿＿＿＿＿元	
		2.转账 ¥1 600.00＿＿元	
		3.现金付讫＿＿＿＿元	
合计（大写）壹仟陆佰元整		4.汇款 ＿＿＿＿＿元	

会计主管：　　　　　单位负责人：××　　　出纳：　　　　　经办人：

业务 40-2

收　　据

20　年 12 月 12 日　　　　　　　　№006637038

缴款单位（人）	华光有限责任公司					
款项内容	职工培训费			收款方式	支票	
人民币（大写）	壹仟陆佰元整				¥1 600.00	
备注		收款单位盖章	财务专用章	收款人签章		高大千

二　收据

业务 43-1

费 用 报 销 单

部门：办公室　　　　　　　　　　20　　年 12 月 13 日　　　　　　　　　　附件：1 张

开 支 内 容	金 额	结 算 方 式	
下年报刊费	1 860.00	1.冲借款＿＿＿＿＿元	
		2.转账 ¥1 860.00＿＿元	
		3.现金付讫＿＿＿＿元	
合计（大写）壹仟捌佰陆拾元整		4.汇款 ＿＿＿＿＿元	

会计主管：　　　　　单位负责人：××　　　出纳：　　　　　经办人：

业务 43-2

收　　据

缴款单位（人）	华光有限责任公司			
款项内容	20　年报刊费		收款方式	支票
人民币（大写）	壹仟捌佰陆拾元整			¥1 860.00
备注		收款单位盖章		收款人签章　杨新

二收据

业务 44-1

捐赠协议书

20　年12月14日

捐赠单位	外商张家明	接受单位	华光有限责任公司
账号或地址	US00—56789	账号或地址	610028-22
开户银行	美国纽约分行	开户银行	工行凤山支行
捐赠金额	人民币（大写）：贰拾万元整		

协议条款	经双方友好协商达成如下协议： 1．建立互惠互利机制。 2．双方沟通信息，开拓市场。 3．外商张家明愿意无偿捐赠新轿车一辆。	
	捐赠代表签字：　张家明	接受代表签字：方圆

业务 44-2

固定资产验收单

20　年12　月　14　日

名　　称	单位	数量	价格	预计使用年限	使用部门
轿车	辆	1	200 000	5 年	厂部办公室
备注	接受捐赠				

制单：郝燕　　　　　　　　　　　审核：

业务 45-1

华光有限责任公司开具增值税发票申请单

发票抬头	发票金额	单位	数量	单价	发票内容	地址	税号	开户行账号
邯钢	8 000	台	25	320	空压机	略	21000057908	工行 21605-1

申请人：销售部　　　　　　　　　　　　　　　　　　日期：20　年 12 月 14 日

业务 45-2

债务重组协议

重组时间：20　年 12 月 14 日

债权人：邯郸钢铁集团

债务人：华光有限责任公司

重组协议：华光有限责任公司以 25 台空压机偿还前欠邯郸钢铁集团货款 10 000 元。

合计人民币（大写）：壹万元整

债权人签字（盖章）　　　　　　　　　　　　债务人签字（盖章）

20　年 12 月 14 日　　　　　　　　　　　　20　年 12 月 14 日

业务 45-3

产成品出库单

购货单位：邯郸钢铁集团　　　　　20　年 12 月 14 日　　　　　第 5 号

产品名称	规格型号	计量单位	出库数量	单价	金额
空压机		台	25		
合计			25		

销售部负责人：　　　　　　仓库经办人：霍清　　　　　　制单：孙颖

175

业务 46-1

人民法院诉讼收费专用票据 （结算）

中院№0012345

20　年12月14日　　　　案号（2010-25）　　　字第1230号

交款人	华光有限责任公司		收款银行
案由	合同纠纷		
负担诉讼费	案件受理费、申请费：¥350.00		工行北郊分理处
	其他诉讼费：¥1 850.00		
	其中：1.	¥	
	2.	¥	
	3.	¥	
合计（大写）贰仟贰佰元整		¥2 200.00	收据号码
1.本票据用于结算时正式票据 2.此联为报销凭证 3.盖诉讼收费专用章有效	诉讼收费专用章		

财务负责：　　　　　　　　　　　　　　经办人：郑伟

业务 46-2

人民法院诉讼收费专用票据 （退费）

中院 №0012356

20　年12月14日　　　档案号（2010-25）　　　字第1230号

交款人	华光有限责任公司		备注
预交诉讼费	案件受理费、申请费：¥150.00		退回现金
	其他诉讼费：¥0.00		
合计（大写）壹佰伍拾元整		¥150.00	
1.此联用于结算时退还预交人。 2.此联交预交人收存。 2.盖诉讼专用章、预交人签字（盖章）有效。	诉讼收费专用章		

财务负责：　　　　　　预交人：黄霞　　　　　　经办人：郑伟

业务 48

收　据

20　年12月15日　　　　　　　　　　　№008421211

缴款单位（人）	华光有限责任公司		
款项内容	向灾区捐赠款	收款方式	支票
人民币（大写）　　　贰万元整			¥20 000.00
备注		收款单位盖章　财务专用章	收款人签章　黄大明

二　收据

177

业务 49-1

××省增值税专用发票

发票联　　　　　　№00276139

开票日期：20　年12月15日

购货单位	名　称：华光有限责任公司
	纳税人识别号：030218001231818
	地址、电话：复兴路25号
	开户行及账号：工行凤山支行 610028-22

密码区：
6+-〈2〉6）927+296+/ ＊ 加密版本：02
336〈600375〈35〉〈4/ ＊ 26870993560
2-2〈2051+24+2618〈7
07050481/3-15〉〉09/5/-1〉〉〉+2

商品或劳务名称	计量单位	数量	单价	金　额 百 十 万 千 百 十 元 角 分	税率%	税　额 十 万 千 百 十 元 角 分
暖气费	m²	917	25	2 2 9 2 5 0 0	11	2 5 2 1 7 5
合　计				¥ 2 2 9 2 5 0 0		¥ 2 5 2 1 7 5

价税合计（大写）	贰万伍仟肆佰肆拾陆元柒角伍分	（小写）¥25 446.75

销货单位	名　称：凤山市热力公司
	纳税人识别号：130023567880807453
	地址、电话：略
	开户银行及账号：工行建设路 0022365-30

备注：（凤山市热力公司 发票专用章）

收款人：　　　复核：　　　开票人：韩冷　　　销货单位：（章）

注：发票抵扣联略去

第二联 发票联 购货方记账凭证

业务 49-2

费 用 报 销 单

部门：办公室　　　　　20　年12月15日　　　　　附件：1张

开　支　内　容	金　　额	结　算　方　式
暖气费	22 925.00	1.冲借款_____元
		2.转账 ¥22 925.00 ___元
		3.现金付讫_____元
合计（大写）贰万贰仟玖佰贰拾伍元整		4.汇款 _____元

会计主管：　　　单位负责人：××　　　出纳：　　　经办人：

业务 50-1

费 用 报 销 单

部门：办公室　　　　　　　　20　　年 12 月 16 日　　　　　　　附件：1 张

开支内容	金额	结算方式	
工程包工费	12 000.00	1.冲借款＿＿＿＿＿元	
		2.转账 ¥12 000.00＿＿元	
		3.现金付讫＿＿＿＿元	
合计（大写）壹万贰仟元整		4.汇款 ＿＿＿＿＿ 元	

会计主管：　　　　　单位负责人：××　　　　　出纳：　　　　　经办人：

业务 50-2

收 据

20　　年 12 月 16 日　　　　　　　　　　№09623621

缴款单位（人）	华光有限责任公司		
款项内容	水塔工程包工费	收款方式	支票
人民币（大写）　壹万贰仟元整			¥12 000.00
备注	收款单位盖章（凤山市第二建筑公司 财务专用章）	收款人签章	谢楠

二　收据

业务 52

借 款 单

20　　年 12 月 16 日　　　　　　　　　　№ 208556

借款部门		办公室	借款人		王芳	借款方式		现金			
借款用途	差旅费		收款单位	名称	华光有限责任公司						
				账号	610028-22						
				开户银行	工行凤山支行						

借款金额（大写）壹仟元整	万	千	百	十	元	角	分
	¥	1	0	0	0	0	0

分管领导：同意	主管领导：同意	财务审核：	财务负责人：
备注			

出纳签章：

业务 53-1

华光有限责任公司开具增值税发票申请单

发票抬头	发票金额	单位	数量	单价	发票内容	地址	税号	开户行账号
昌盛公司	32 500	台	1	32 500	Q 设备	略	561000020563	工行 6002588

申请人：销售科   日期：20   年 12 月 17 日

业务 53-2

固定资产清理单

20   年 12 月 17 日   编号：2

编号	名称	单位	数量	预计使用年限	已使用年限	原始价值	已提折旧额	清理原因
021	Q 设备	台	1	10	4	50 000	15 000	不需用

处理意见	使用部门	技术鉴定小组	固定资产管理部门	主管部门审批
	签章：	签章：	签章：	签章：李铭

业务 53-3

中国工商银行　　　　转账支票

128005613

付款期限自出票之日起十天

出票日期（大写）贰零　　年壹拾贰月　壹拾柒日　　　付款行名称：中国工商银行
收款人：华光有限责任公司　　　　　　　　　　　　出票人账号：28592

人民币（大写）	叁万捌仟零贰拾伍元整	千	百	十	万	千	百	十	元	角	分
				￥	3	8	0	2	5	0	0

用途 货款
上列款项请从
我账户内支付
出票人签章

（昌盛有限责任公司财务专用章）
（吉海之印）

密码 352705945
行号 4782951

复核　　记账

业务 54-1

费 用 报 销 单

部门：办公室　　　　　　　　20　　年 12 月 17 日　　　　　　　　附件：1 张

开支内容	金　额	结　算　方　式
电费	14 616.00	1. 冲借款_____元
		2. 转账 ¥14 616.00 元
		3. 现金付讫_____元
合计（大写）壹万肆仟陆佰壹拾陆元整		4. 汇款_____元

会计主管：　　　　　　单位负责人：××　　　　　　出纳：　　　　　　经办人：

业务 54-2

××省增值税专用发票

开票日期：　20　　年 12 月 17 日　　发票联　　　　　　　　　　　№13260921

购货单位	名　称：	华光有限责任公司			密码区	72-〈2〉6〉927+296+/ ＊ 335〈600375〈35〉〈4/ ＊ 2-2〈2051+24+2618〈7 360569591/3-15〉〉09/5/-1〉〉〉+2			加密版本：01 15670991515						
	纳税人登记号：	030218001231818													
	地址、电话：	复兴路 25 号													
	开户银行及账号：	工行凤山支行 610028-22													

商品或劳务名称	计量单位	数量	单价	金　额								税率 %	税　额							
				百	十	万	千	百	十	元	角	分		十	万	千	百	十	元	角	分
生产用电	度	25 200	0.58			1	4	6	1	6	0	0	17			2	4	8	4	7	2
合　计				¥		1	4	6	1	6	0	0		¥		2	4	8	4	7	2

价税合计（大写）	壹万柒仟壹佰零拾零元柒角贰分	¥17 100.72

销货单位	名　称：	凤山市供电局	备注
	纳税人登记号：	0511226980365487	
	地址、电话：	略	
	开户银行及账号：	建设银行建北办事处	

收款人　　　　　　　　　　　　　开票单位（未盖章无效）

注：抵扣联略去

第二联　发票联　购货方记账凭证

业务 55

差 旅 费 报 销 单

20　年 12 月 18 日　　　　　　　　　　　附单据 6 张

部门	销售科		出差人		江 军		事由		联系业务	

出 发 地			到 达 地			公 出 补 贴			车船费	卧铺	住宿费	市内车费	其他	合 计
月	日	地点	月	日	地点	天数	标准	金额						
11	30	凤山市	12	2	武汉	7	15	105	700		1 400	80		2 285
合　　　　计														2 285

报销总额	人民币（大写）	贰仟贰佰捌拾伍元整	预借旅费	2 000	补领金额	285.00
					归还金额	—

会计主管　　　　　复核：　　　　　　出纳：　　　　　　报销人：江军

注：有关单据略去

业务 56-1

凤山市商业统一发票

购货单位：华光有限责任公司　　　　20　年 12 月 18 日　　　　№ 0266554

品 名	规 格	单 位	数 量	单 价	金　　额							备 注
					万	千	百	十	元	角	分	
电烤箱		台	1	6 000		6	0	0	0	0	0	职工食堂购入
合 计					¥	6	0	0	0	0	0	

合计人民币（大写）陆仟元整

收款人：　　　　　　　　　　开票单位（未盖章无效）

业务 56-2

固定资产验收单

20   年 12 月 18 日

名　称	规格型号	单位	数量	设备价款	预计使用年限	使用部门
电烤箱	三层	台	1	6 000	3	食堂
合　计			1	￥6 000		

单位主管：　　　　　　　　　检验：李峰　　　　　　　　　经办：魏华

业务 57-1

华光有限责任公司开具增值税发票申请单

发票抬头	发票金额	单位	数量	单价	发票内容	地址	税号	开户行账号
丰南机械厂	108 000	吨	6	18 000	铝铸件	略	613000027820	工行 8052601

申请人：销售部　　　　　　　　　　　　　　日期：20   年 12 月 19 日

业务 57-2

半成品出库单

购货单位：丰南机械制造厂　　　　　20   年 12 月 19 日　　　　　第 1 号

产品名称	规格型号	计量单位	出库数量	单价	金　额
铝铸件		吨	6		
合　计			6		

销售部负责人：　　　　　　　　　仓库经办人：　　　　　　　制单：周全

业务 57-3

	工 商 银 行	VI VI0000000000

工 商 银 行
本 票　　　　2

付款期限 贰 个 月	出票日期 （大写）　　贰零　　年壹拾贰月壹拾玖日	第　号

收款人：华光有限责任公司	
凭票即付　人民币 　　　　　（大写）　陆万叁仟壹佰捌拾元整	（压数机压印小写金额）63 180.00

转账	现金			科目（借）＿＿＿＿＿＿＿
备注		中国工商银行 本票专用章 ××××	张林 之印	对方科目（贷）＿＿＿＿＿＿＿ 付款日期　　　年 月 日 出纳　　复核　　经办
			出票行签章	

业务 58-1

费 用 报 销 单

部门：办公室　　　　　　20　年 12 月 19 日　　　　　　附件：1 张

开 支 内 容	金　　额	结 算 方 式	
水　费	23 460.00	1.冲借款＿＿＿＿＿＿元	
		2.转账 ¥23 460.00　元	
		3.现金付讫＿＿＿＿＿元	
合计（大写）贰万叁仟肆佰陆拾元整		4.汇款 ＿＿＿＿＿＿元	

会计主管：　　　　单位负责人：×× 　　　　出纳：　　　　经办人：

业务 58-2

××省增值税专用发票

发票联

№16982003

开票日期： 20 年 12 月 19 日

购货单位	名 称：	华光有限责任公司
	纳税人识别号：	030218001231818
	地址、电话：	复兴路 25 号
	开户银行及账号：	工行凤山支行 610028-22

密码区

6+-〈2〉6〉927+296+/ ＊ 加密版本：
02
296〈600375〈35〉〈4/ ＊ 37009931522
2-2〈2051+24+2618〈7
20448445/3-15〉〉 09/5/-1〉〉〉 +2

第二联 发票联 购货方记账凭证

商品或劳务名称	计量单位	数量	单价	金额 百 十 万 千 百 十 元 角 分	税率 %	税额 十 万 千 百 十 元 角 分
生产用水	立方米	15640	1.50	2 3 4 6 0 0 0	11	2 5 8 0 6 0
合 计				¥ 2 3 4 6 0 0 0		¥ 2 5 8 0 6 0

价税合计（大写）	贰万陆仟零肆拾元陆角零分	¥26 040.60

销货单位	名 称：	凤山市自来水公司
	纳税人识别号：	1026503467902455
	地址、电话：	友谊路 13 号
	开户银行及账号：	工行友谊办事处 69012874

备注 （凤山市自来水公司 发票专用章）

收款人： 复核： 开票人：季雨 销货单位：（章）

业务 59-1

华光有限责任公司开具增值税发票申请单

发票抬头	发票金额	单位	数量	单价	发票内容	地址	税号	开户行账号
凤山市四通公司	112 000	台	350	320	空压机	略	612345027826	工行 12365-1

申请人：销售部 日期：20 年 12 月 20 日

业务 59-2

商品销售清单

编报单位：凤山市四通公司　　　　　　　　20 年 12 月 19 日　　　　第 号

品名及规格	销售数量	销售金额	结算种类：其中				备注
			现金	支票	银行本票	银行汇票	
空压机	350 台	125 440		24 540	100 000		扣除手续费 5% 计 5600 元
合 计		125 440		25 440	100 000		

主管：李进才　　　　收款：付云　　　　复核：黄建　　　　制单：刘兰

业务 59-3

凤山市商业统一发票

20　年12月20日　　№ 0277451

购货单位：华光有限责任公司

品　名	规格	单位	数量	单价	金　　　额							备注：
					万	千	百	十	元	角	分	
代销手续费						5	6	0	0	0	0	
112000×5%												
合　计					¥	5	6	0	0	0	0	

合计人民币（大写）伍仟陆佰元整

收款人：　　　　　　　　　　　　　　　开票单位(未盖章无效)

二　报销联

业务 59-4

中国工商银行　　　转账支票

348005610

付款期限自出票之日起十天

出票日期（大写）贰零　　年壹拾贰月零贰拾日

收款人：华光有限责任公司

付款行名称：中国工商银行光明办事处
出票人账号：12365-1

| 人民币（大写） | 贰万伍仟肆佰肆拾元整 | 千 | 百 | 十 | 万 | 千 | 百 | 十 | 元 | 角 | 分 |
| | | | | | ¥ | 2 | 5 | 4 | 4 | 0 | 0 | 0 |

用途　货款
上列款项请从
我账户内支付
出票人签章

密码 126000897
行号：28609
　　　复核　　　记账

李进
才印

业务 59-5

<table>
<tr><td rowspan="4">付款期限

贰个月</td><td colspan="3" style="text-align:center">工 商 银 行　　**2**
本　票</td><td>VI VI0000000000</td></tr>
<tr><td colspan="3">出票日期（大写）贰零　　年壹拾贰月零贰拾日</td><td>第　号</td></tr>
</table>

收款人：华光有限责任公司	
凭票即付　壹拾万元整	（压数机压印小写金额）100 000.00

转账	现金	中国工商银行 本票专用章 ××××	张林 之印	科目（借）_____
				对方科目（贷）_____
备注				付款日期　　　年 月 日
			出票行签章	出纳　　复核　　经办

业务 61-1

费 用 报 销 单

部门：办公室　　　　　20　　年 12 月 21 日　　　　　附件：1 张

开　支　内　容	金　额	结　算　方　式
图纸复印费	48.00	1.冲借款_____元
		2.转账_____元
		3.现金付讫 ¥48.00___元
合计（大写）肆拾捌元整		4.汇款 _____元

会计主管：　　　　单位负责人：××　　　　出纳：　　　　经办人：

业务 61-2

××省国家税务局手工发票

发票代号 1207856012
发票号码 1302034789

付款单位：华光有限责任公司　　　20　年 12 月 21 日

项　目　内　容	金　额								备　注
	万	千	百	十	元	角	分	
图纸复印				4	8	0	0	金工
现金付讫								车间
								使用
合计人民币（大写）肆拾捌元整				￥	4	8	0	0	

发票专用章

收款单位名称：凤山市五联复印部　　　　　　　　　　开票人 赵新
收款单位税号：5560012587

第二联 发票联

业务 63-1

费　用　报　销　单

部门：办公室　　　　　　　20　年 12 月 24 日　　　　　　　附件：1 张

开 支 内 容	金　额	结　算　方　式
排污费	1 200.00	1.冲借款_____元
		2.转账 ￥1 200.00____元
		3.现金付讫_____元
合计（大写）壹仟贰佰元整		4.汇款 _____ 元

会计主管：　　　　单位负责人：××　　　　　出纳：　　　　　经办人：

199

业务 63-2

行政事业性单位收费统一票据

20 年 12 月 24 日   №00108321

交款单位（或个人）	华光有限责任公司			收款方式	支票									
收费项目 代码	收费项目	计量单位	数量	收费标准	金　额									
					百	十	万	千	百	十	元	角	分	
	排污费	月	12	100			1	2	0	0	0	0	0	
合　　　计						￥	1	2	0	0	0	0	0	
人民币（大写）合计	壹仟贰佰元整													
执收单位 财务专用章		经手人 签　章			备注									

第二联　收据联

本票不得用于营业性收入、经营服务性收入。

业务 65

华光有限责任公司补助申请单

申请人	王洋洋	补助 原因	王一丧葬费抚恤金
申请金额	壹仟伍佰元		
部门意见	同意按规定支付 丧葬费抚恤金壹仟伍佰元 　　张千　20 年 12 月 25 日	代 收 据	今收到 王一丧葬费抚恤金 人民币壹仟伍佰元 　　　收款人：王洋洋 　　　20 年 12 月 25 日
工会意见	同意。 　　魏东　20 年 12 月 25 日		

业务 67-1

费 用 报 销 单

部门：办公室　　　　　　　　　20　　年 12 月 27 日　　　　　　　　附件：1 张

开 支 内 容	金 额	结 算 方 式		
财产保险费	65 000.00	1.冲借款_____元		
		2.转账 ¥65 000.00____元		
		3.现金付讫_____元		
合计（大写）陆万伍仟元整		4.汇款 _____ 元		

会计主管：　　　　　单位负责人：××　　　　　出纳：　　　　　经办人：

业务 67

保险业专用发票

发 票 联　　　　　　　　　　　　　　　№00506141

付款人：华光有限责任公司

承保险种：　　　　　财产保险

保险号：　　　CCHBX565CTP002B10003569

保险金额：（大写）人民币陆万伍仟元整　　　　　　　　（小写）¥ 65 000.00

附注：　　　有效期　20　年01月01日起至　20　年12月31日止

经手人：郝征　　　　　复核：刘静　　　　　保险公司签章

203

学习情境五 期末业务处理

5.1 对 账

为了保证账证相符、账账相符、账实相符，会计人员应经常对账，在每月末结账前，财务部门再进行一次账、证、实各项数据的核对。

一、账证核对

账证核对就是将各种账簿与原始凭证、记账凭证核对。账证核对相符是保证账账相符和账实相符的基础。因此，记账会计在记完账后，要将账簿记录与会计凭证进行核对，做到账证相符。会计期末，如果发现账证不符，应采用正确的方法进行更正。

二、账账核对

账账核对是在账证核对的基础上进行的，主要检查在记账过程中和在账户的计算过程中是否发生了错误，如果发现有误，应立即更正，做到账账相符。

1. 总账的核对。即核对全部总账账户的借方发生额以及余额合计数与全部总账账户的贷方发生额以及余额合计数是否相符，用公式表示如下：

全部账户的本期借方发生额合计数 = 全部账户的本期贷方发生额合计数

全部账户的期末借方余额合计数 = 全部账户的期末贷方余额合计数

实训时，由会计主管通过编制试算平衡表来进行。

2. 总账与其所属明细账核对。即核对总分类账户的金额与其所属明细账户的金额之和是否相符。用公式表示如下：

某一总账账户的本期发生额 = 其所属明细账本期发生额之和

某一总账账户的期末余额 = 其所属明细账期末余额之和

实训时，会计主管登记的总账与记账会计登记的各种明细账进行核对。

3. 总账与日记账核对。即核对"库存现金"总账期末余额与现金日记账期末余额是否相符，核对"银行存款"总账期末余额与银行存款日记账期末余额是否相符。

实训时，会计主管登记的总账与出纳登记的日记账进行核对。

三、账实核对

账实核对属于财产清查，具体包括货币资金的清查、往来款项的清查、实物资产的清查等。本次实训着重进行银行存款的清查，即银行对账。

银行存款的清查是通过将银行存款日记账记录与银行对账单记录逐笔核对，然后编制银行存款余额调节表，查明不符的原因和企业实际存款数额。

银行存款日记账调节后余额 = 日记账余额+银行已收企业未收−银行已付企业未付

银行对账单调节后余额 = 对账单余额+企业已收银行未收−企业已付银行未付

银行对账单如表5−1所示。

表5−1　　　　　　　　　　中国工商银行凤山市支行对账单

起讫时间20　年12月01日至12月31日　　　　　户名：华光有限责任公司　　　账号：610028−22

序号	日期	业务摘要	票据		借方（支取）	核对号	贷方（存入）	核对号	余额
			种类	票号					
	1	期初余额							2 511 956.50
1	1	提现	现支	10031081	3000				2 508 956.50
2	1	申请银行汇票	委收	2101	150000				2 358 956.50
3	2	付装修费	转支	10052020	5600				2 353 356.50
4	2	预交诉讼费	转支	10052021	2350				2 351 006.50
5	2	付支票手续费	特	11001	51				2 350 955.50
6	2	收补价款	转支	100035			400		2 351 355.50
7	3	预付下年宽带费	转支	10052022	3000				2 348 355.50
8	3	付债券投资款	转支	10052023	100000				2 248 355.50
9	3	付卡车款	转支	10052024	351000				1 897 355.50
10	3	付住宿费、餐费	转支	10052025	1500				1 895 855.50
11	5	退汇票多余款	委收	2101			4920		1 900 775.50
12	5	存入销货款	转支	83256			374400		2 275 175.50
13	6	收回货款	托收	1108			44640		2 319 815.50
14	7	交纳上月增值税	特	1201	15026.88				2 304 788.62
15	7	交纳上月所得税	特	1202	11078.76				2 293 709.86
16	7	交纳上月城建税	特	1203	1803.23				2 291 906.63
17	7	付材料款	委收	2015	351600				1 940 306.63
18	7	票据贴现	贴现	0055			79653.33		2 019 959.96
19	8	付广告费	转支	10052026	5000				2 014 959.96
20	8	付卫生费	转支	10052027	230				2 014 729.96
21	8	支付代垫运费	转支	10052028	200				2 014 529.96
22	9	补付材料款			6030				2 008 499.96
23	9	支付退货款	转支	10052029	2620.80				2 005 879.16

序号	日期	业务摘要	票据 种类	票据 票号	借方（支取）	核对号	贷方（存入）	核对号	余额
24	10	偿还借款	特	1180	500000				1 505 879.16
25	10	付展览费	转支	10052030	2000				1 503 879.16
26	10	交纳养老保险	特	1205	43200				1 460 679.16
27	10	交纳失业保险	特	1206	4800				1 455 879.16
28	10	交纳医疗保险	特	1207	16000				1 439 879.16
29	10	交纳住房公积金	转支	10052031	32000				1 407 879.16
30	11	销货款	银汇	11806			551600		1 959 479.16
31	12	提现	现支	10031082	3000				1 956 479.16
32	12	付职工培训费	转支	10052032	1600				1 954 879.16
33	13	收回货款	托收	1209			18400		1 973 279.16
34	13	支付材料款	托收	1110	209060				1 764 219.16
35	13	预付报刊费	转支	10052033	1860				1 762 359.16
36	15	支付工资	现支	10031083	148400				1 613 959.16
37	15	捐赠支出	转支	10052034	20000				1 593 959.16
38	15	预付取暖费	转支	10052035	25446.75				1 568 512.41
39	16	付包工费	转支	10052036	12000				1 556 512.41
40	16	提现	现支	10031084	1000				1 555 512.41
41	17	出售机器	转支	41825			38025		1 593 537.41
42	17	支付电费	转支	10052037	17100.72				1 576 436.69
43	18	购微波炉	转支	10052038	1500				1574 936.69
44	19	销货款	汇票	11602			63180		1 638 116.69
45	19	付水费	转支	10052039	26040.60				1 612 076.09
46	20	上交工会经费	特	2699	1465.60				1 610 610.49
47	24	付排污费	转支	10052040	1200				1 609 410.49
48	25	付银行借款利息	特	2160	22000				1 587 410.49
49	26	付承兑手续费	特	3211	19.40				187 391.09
50	27	预付财产保险费	转支	10052041	65000				1 522 391.09
51	29	收存款利息	特	1136			1830.40		1 524 221.49
52	29	收回货款	电汇	1122			3680		1 527 901.49
53	29	付到期票款	委收	11301	20000				1 507 901.49
		合计							

5.2 结　　账

一、结账分工

会计主管负责总账的结账，出纳负责日记账的结账，记账会计负责其他明细账的结账。

二、结账方法

不同的账簿怎样结账，应根据企业需要，灵活掌握。

（一）总账

1. 月结。总账月末结账一般不需要结计本月发生额，只在最后一笔业务行的下端画一条通栏单红线即可。

2. 年结。总账的年终结账，一般在 12 月份月结的下一行摘要栏写上"本年合计"，结出本年发生额及余额，在该行的下端画通栏双红线。

3. 年末余额结转下年的方法。年终，在"本年合计"行的下一行摘要栏写上"结转下年"，将年末余额写在余额栏，并标明方向。如果结转下年行下面还有空白行，应画斜线注销（红笔），并加盖结账人名章，以示负责。

（二）明细账

明细账的月结、年结和结转下年的方法与总账基本相同，但由于明细账的账户格式较多，且账户的用途不同，则结账方法也不同。如往来账、记录资金的明细账等可以不结计"本月合计"，只在最后一笔记录下端画一条通栏单红线。如损益类账户、成本类、存货类等明细账，一般应结计"本月合计"和"本年累计"，并在合计行的下端画一条通栏单红线，年结时在"本年累计"行的下端画双红线。

（三）日记账

日记账的月结、年结的结账方法同损益类账户。

5.3 编制财务报表

一、财务报表的组成

财务报表至少包括资产负债表、利润表、现金流量表、所有者权益变动表和附注。本次实训主要编制资产负债表、利润表和现金流量表。具体编制方法可参考下篇实训指导。

二、模拟企业 11 月份会计报表资料

模拟企业 11 月份利润表、资产负债表资料如表 5-2、表 5-3 所示。

表 5-2 　　　　　　　　　　　　　利润表

编制单位：华光有限责任公司 　　　　　20　年11月 　　　　　　　　　　　单位：元

项 目	行次	1-11月累计金额	上年金额
一、营业收入	1	2 814 700	2 843 740
减：营业成本	2	1 578 000	1 489 800
营业税金及附加	3	337 764	474 720
销售费用	4	241 836	391 000
管理费用	5	182 000	100 620
财务费用	6	152 000	94 600
资产减值损失	7		
加：公允价值变动收益（损失以"-"填列）	8		
投资收益（损失以"-"填列）	9	8 000	7 800
其中：对联营企业和合资企业的投资收益	10		
二、营业利润	11	331 100	30080
加：营业外收入	12	45 000	12 000
减：营业外支出	13	36 000	9 200
其中：非流动资产处置损失	14		
三、利润总额（亏损以"-"号填列）	15	340 100	303 600
减：所得税费用	16	105 600	100 851.30
四、净利润（净亏损以"-"号填列）	17	234 500	202 748.70
五、每股收益：	18		
（一）基本每股收益	19		
（二）稀释每股收益	20		

表 5-3   **资 产 负 债 表**

编制单位：华光有限责任公司   20　年11月30日   会企01表

资　产	行次	期末余额	年初余额	负债和所有者权益	行次	期末余额	年初余额
流动资产：	1			流动负债：	34		
货币资金	2	2596556.50	2756582.84	短期借款	35	2500000	1634500
交易性金融资产	3	100000	120000	交易性金融负债	36		
应收票据	4	99300	552600	应付票据	37	38200	520 310
应收账款	5	141282.50	922870	应付账款	38	29400	347604
预付款项	6	5000	24675	预收款项	39	10000	
应收利息	7			应付职工薪酬	40	87250	45347.50
应收股利	8			应交税费	41	27908.87	26141.50
其他应收款	9	3500	13500	应付利息	42	9500	
存货	10	5301512.50	1379230	应付股利	43		
一年内到期的非流动资产	11			其他应付款	44	32000	28138
其他流动资产	12			一年内到期的非流动负债	45		
流动资产合计	13	8247151.50	5769457.84	其他流动负债	46		
非流动资产：	14			流动负债合计	47	2734258.87	2602041
可供出售金融资产	15			非流动负债：	48		
持有至到期投资	16		525000	长期借款	49		
长期应收款	17			应付债券	50	203691.95	434948
长期股权投资	18			长期应付款	51		
投资性房地产	19			专项应付款	52		
固定资产	20	14843637.16	16252069	预计负债	53		
在建工程	21	50750	358000	递延所得税负债	54		
工程物资	22			其他非流动负债	55		
固定资产清理	23	2800	85142.13	非流动负债合计	56	203691.95	434948
生产性生物资产	24			负债合计	57	2937950.82	3036989
油气资产	25			所有者权益	58		
无形资产	26	131150	150357.87	实收资本（或股本）	59	20000000	20000000
开发支出	27			资本公积	60	29000	29000
商誉	28			减：库存股	61		
长期待摊费用	29			盈余公积	62	48304.85	48304.85
递延所得税资产	30			未分配利润	63	260232.99	25732.99
其他非流动资产	31			所有者权益合计	64	20337537.84	20103037.84
非流动资产合计	32	15028337.16	17370569		65		
资产总计	33	23275488.66	23140026.84	负债和所有者权益总计	66	23275488.66	23140026.84

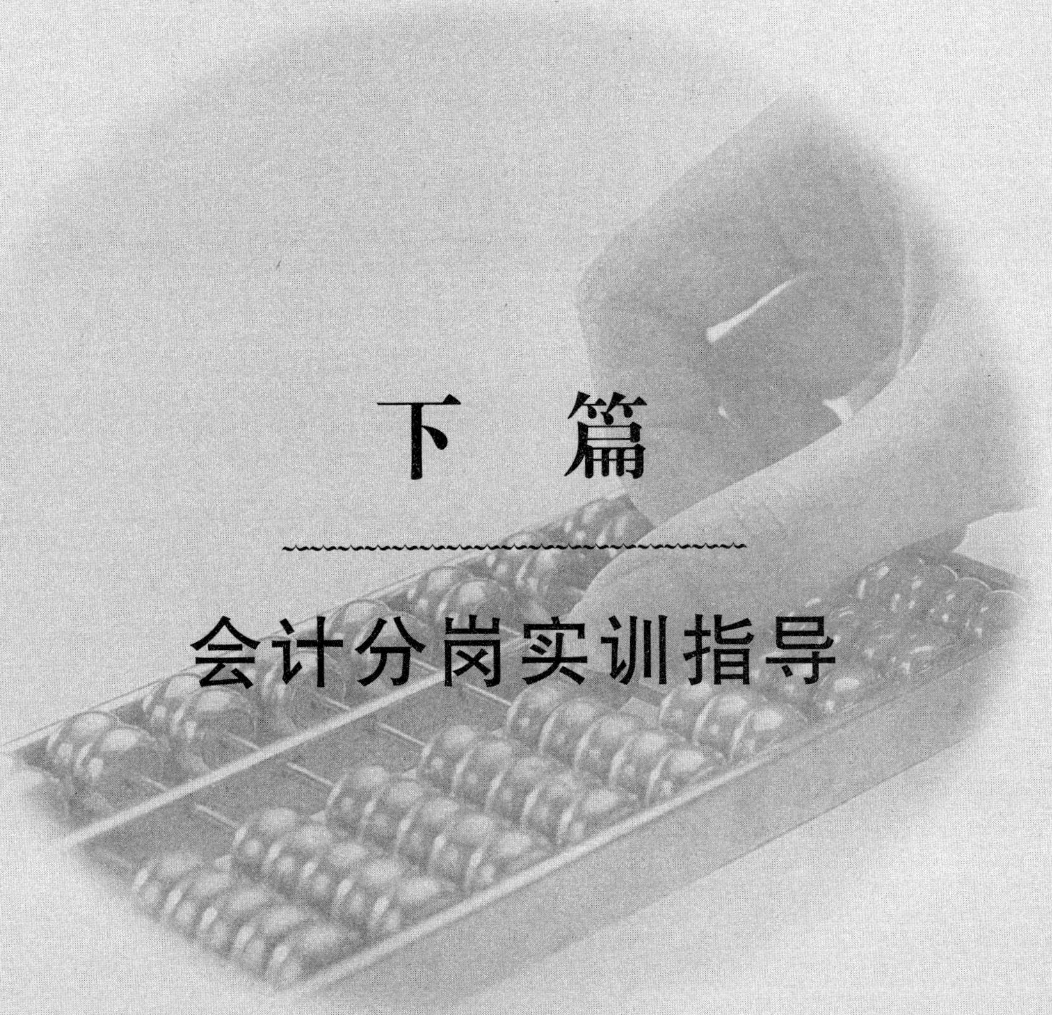

下 篇

会计分岗实训指导

学习情境六 实训的组织与考核

6.1 实训岗位设置

在模拟真实环境中，按照会计工作要求，安排 4~5 名学生组成一个公司财务部，分别扮演不同的角色，分工协作，最终完成总的任务。典型方案是分设 4 个岗位，分别为会计主管、出纳、制单会计和记账会计。具体如何组织，可根据会计岗位规定及内部牵制原则，按"一人一岗""多人一岗""一人多岗"对小组成员进行合理分工。此外，为营造真实的工作氛围和工作环境，安排一名学生充当企业内部有关部门和企业外部经济业务办事员，负责办理有关业务手续和传递各种原始凭证。指导教师可以扮演公司财务负责人、银行税务部门，负责对内部会计制度的培训、指导和银行税务窗口工作人员。

银行税务	业务经办员

会计主管	出纳
制单会计	记账会计

6.2 实训的条件

会计分岗实训要求在仿真的环境下进行，需要具备下列设备和物品：

1. 办公桌椅。会计手工实训室内应配备办公桌椅，并按组摆放，形成一个微型财务部，每个工作岗位可用工牌标明。

2. 多媒体教学设备。如计算机、投影仪等。

3. 印章。主要包括模拟企业公章、财务专用章、发票专用章、法人代表章等。

4. 会计办公用品。主要包括计算器、算盘、双色印台、直尺、胶水、文件夹、资料夹、装订机、订书机等。

5. 实训消耗品。主要包括记账凭证、各种账页、空白原始凭证、凭证封面、账簿封面、报表封面等。

上述备品配备数量如表6-1、表6-2所示。

表6-1　　　　　　　　　　　　　　　　　　实验室备品目录

品　名	单位	会计岗位				银行	经办员
		会计主管	出纳	制单会计	记账会计		
装订机	台			1			
剪刀	把			1			
锥子	把			1			
直尺	个	1	1	1	1	1	1
铁夹	个	1	1	2			
塑料本夹	个	1	1	1		1	1
盖章垫板	块	1	1			1	
账夹	付				3		
书立	付	1	1		1		
双色印台	个	1	1		1		
会计科目章	盒	1			1		
模拟公司公章	枚	1					
财务专用章	枚	1					
发票专用章	枚	1					
法人名章	枚		1				
现金收讫章	枚		1				
现金付讫章	枚		1				
银行转讫章	枚					1	
承前页章	枚	1			1		
月计章	枚	1	1		1		
结转下年章	枚	1	1		1		

214

表 6-2　　　　　　　　　　　　　　　　备品消耗使用定额

品 名	单位	会计岗位			
		会计主管	出纳	制单会计	记账会计
总账账页	页	55			
现金日记账	页		2		
银行存款日记账	页		6		
三栏账页	页				150
数量金额账页	页				6
多栏账页	页				10
平行账页	页				2
生产成本账页	页				4
材料成本差异账页	页				2
应交增值税账页	页				4
记账凭证	张			150	
凭证封皮	张			3	
账簿封皮	张				3
报表封皮	张	2			
账簿启用登记表	张				3
账户目录表	张				3
进账单	套		8		
托收凭证	套		2		
专用发票	套	10			
收据	套		4		
转账支票	张		25		
现金支票	张		5		
支票付款申请单	张		30		
支票使用登记簿	张		2		
复写纸	张	2	2		
胶水	瓶			1	
曲别针	盒		1	1	
线绳	米			2	
口取纸	盒				2

6.3　会计实训的组织

一、实训分组

为了使学生感受到企业的真实环境，体验到企业的氛围，在会计实训过程中，需营造出企业内部和企业外部两个环境，分别作为主体企业和客体企业。内部环境的营造是按照会计工作要求，将4~5名学生分为一组，组成一个虚拟公司的财务部，并进行岗位分工，分别担任会计主管、出纳、制单会计和记账会计。外部环境的营造，由学生、教师分别扮演外部企业、银行税务和企业内部有关部门。

二、实训方法

由于每笔经济业务的发生客观上都存在着一个起点，有的发生在企业内部有关部门，有的发生在企业外部单位，且要求每笔经济业务均要按照一定的内控流程进行处理，因此，在实训时，需要由教师依据经济业务发生的实际情况事先设计业务起点，并将每笔业务的相关原始资料事先分发到各个实训岗位。当实训开始时，由起点岗位人员按照内控流程要求和岗位职责将原始凭证进行传递，或由相关岗位根据业务内容自行填制原始凭证后再进行传递。原始资料一经发出，各会计岗位人员应正确、及时进行会计处理，不得积压、拖延，以确保实训进度计划的顺利完成。

三、岗位轮换

为了完成实训任务，小组中的每一位同学必须依次扮演4个不同的角色，经过4次轮换，使得每一位同学对各岗位实训内容亲自操作一遍，进而掌握每个会计岗位的基本技能，并对整个会计工作流程有完整的认识，以提高其履行职责的实际能力，增强其岗位的适应性、综合性、系统性。岗位轮换如表6-3所示。

表6-3　会计岗位轮换一览表

第一轮	会计主管	制单会计	记账会计	出纳
第二轮	制单会计	会计主管	出纳	记账会计
第三轮	记账会计	出纳	会计主管	制单会计
第四轮	出纳	记账会计	制单会计	会计主管

6.4 会计实训的考核

一、实训成绩的分级

1. 优秀：能熟练掌握本课程大纲规定的基本技能，准确完成实训教材和综合性实训任务，经考核，综合得分在90分以上者。

2. 良好：能掌握本课程大纲规定的基本技能，准确完成实训教材和综合性实训任务，经考核，综合得分在80~90分者。

3. 中等：能基本掌握本课程大纲规定的基本技能，完成实训教材和综合性实训任务，经考核综合得分在70~79分者。

4. 及格：基本掌握本课程大纲规定的基本技能，完成实训教材的实训任务，经考核，综合得分在60~69分者。

5. 不及格：不能掌握本课程大纲规定的基本技能，无法完成各阶段的实训任务，经考核，综合得分在60分以下者。

二、实训成绩的评价模式

本课程成绩考核采用过程考核与结果考核相结合，个人评价、小组评价与教师评价相结合的评价模式。

过程考核主要从考勤情况、工作态度、工作质量、工作效率、沟通协作等方面进行。考勤情况主要考核能否全过程地参加实训；工作态度主要考核实训态度的积极性和主动性，以及能否出色完成规定的实训任务；工作质量主要考核操作的正确性、规范性；工作效率主要考核实训任务完成的及时性；沟通协作主要考核与小组成员互相协作的能力。

过程考核采用校内老师、学生考核评价相结合，即先由学生自评打分，再由小组考核，最后由老师考核，将三个成绩进行算术平均得出过程考核总分，占综合成绩的55%。

实训结果的考核主要考核学生提交的会计档案资料，包括会计凭证、会计账簿和财务会计报告等内容。结果考核由教师进行评定，占综合成绩的45%。

会计实训成绩评定如表6-4所示。

表 6-4　　　　　　　　　　　　　　会计实训成绩评定表

姓名		班级		小组		总成绩	
一、过程考核							
项　目		权重	自评	组内考核		教师考核	平均得分
工作质量		30					
工作效率		20					
沟通协作		20					
工作态度		10					
工作纪律		10					
其他		10					
小　计		100					
二、结果考核							
考核内容		权重			教师考核		
会计凭证操作		50					
会计账簿操作		20					
会计报表操作		20					
会计档案整理装订		10					
合　计		100					
三、综合成绩							
过程考核（55%）		结果考核（45%）			综合成绩		

学习情境七　各岗位重点工作操作指导

7.1　会计主管操作指导

一、原始凭证的审核

原始凭证的审核既是会计工作的开始，也是会计人员进行会计监督的重要手段。为了保证原始凭证的真实可靠，必须对原始凭证的真实性、合法性、合理性、完整性、正确性进行认真审核。对审核中发现的不真实、不合法的原始凭证不予受理，并向单位负责人报告；对记载不准确、不完整的原始凭证应予退回，并要求按规定更正、补充。原始凭证记载的各项内容均不得涂改；原始凭证有错误的，应当由出具单位重开或者更正，更正处应当加盖出具单位印章。原始凭证金额有错误的，应当由出具单位重开，不得在原始凭证上更正。

二、记账凭证的审核

为了保证会计信息的质量，在记账之前应对制单岗位转来的记账凭证进行审核，审核的内容包括：

1. 内容是否真实。审核记账凭证与所附原始凭证在经济内容和金额上是否一致。

2. 项目是否齐全。审核记账凭证各项目的填写是否齐全，如日期、凭证编号、摘要、会计科目、金额、所附原始凭证张数以及有关人员签章等。

3. 科目是否正确。审核记账凭证应借、应贷的账户名称和金额是否正确，账户对应关系是否清楚，是否符合会计制度的规定。

4. 金额是否正确。审核记账凭证所记录的金额与原始凭证的有关金额是否一致，原始凭证中的数量、单价、金额计算是否正确。

5. 书写是否正确。审核记账凭证中的记录是否文字工整、数字清晰，是否按规定使用蓝墨水或碳素墨水，是否按规定进行更正等。

三、总分类账的建立与登记

（一）建立总分类账

建立总分类账前应购买三栏订本式账簿。启用新会计账簿，应在账簿的扉页填写"账簿启用登记表"，详细写明单位名称、账簿名称、起止页数、启用日期以及记账人员和会计主管人员姓名，并加盖名章和单位公章。

此外，按照印花税条例的规定，记载资金的总分类账和其他账簿（按件贴花 5 元）应粘贴印花税票，即在账簿启用登记表的右上角粘贴印花税票，并在其中间画两道横线注销。

启用会计账簿后，还应填写账户目录表，写明每一总账科目的代码、名称以及各自的起讫页数。

在做好上述工作后，根据期初建账资料表的顺序、名称，在总账账页上建立总账账户，每页一户，并登记期初余额及其方向。

日期：20××年 12 月 1 日。

摘要一律写"期初余额"字样。

（二）总分类账的登记

总账的登记依据和方法，取决于账务处理程序。本次实训采用科目汇总表账务处理程序，即每 10 天将记账凭证进行汇总，编制科目汇总表，再据以登记总账。

摘要栏：可以写所汇总的记账凭证的起止号，也可写汇总日期的起止号，如 1～10 日汇总、11～20 日汇总等。

借、贷方金额栏：填写所依据的科目汇总表上记载的各总账账户的借方或贷方发生额。

借或贷栏：登记余额的方向，如余额在借方，则写"借"字；如余额在贷方，则写"贷"字。如果期末余额为零，则在"借或贷"等栏内写"平"字，并在余额栏内用"Q"表示。

四、资产负债表的编制

资产负债表的编制是以日常会计核算记录的数据为基础进行归类、整理和汇总，加工成报表项目的过程。我国资产负债表主体部分的各项目都列有"年初数"和"期末数"两个栏目，是一种比较资产负债表。期末数的填写方法如下。

（一）根据明细账户期末余额分析计算填列

资产负债表中一部分项目的"期末余额"需要根据有关明细账户的期末余额分析计算填列。

（1）"应收账款"项目，应根据"应收账款"账户和"预收账款"账户所属明细账户的期末借方余额合计数，减去"坏账准备"账户中有关应收账款计提的坏账准备期末余额后的金额填列。

（2）"预付款项"项目，应根据"预付账款"账户和"应付账款"账户所属明细账户的期末借方余额合计数，减去"坏账准备"账户中有关预付款项计提的坏账准备期末余额后的金额填列。

（3）"应付账款"项目，应根据"应付账款"账户和"预付账款"账户所属明细账户的期末贷方余额合计数填列。

（4）"预收款项"项目，应根据"预收账款"账户和"应收账款"账户所属明细账户的期末贷方余额合计数填列。

（5）"应收票据""应收股利""应收利息""其他应收款"项目，应根据各相应账户的期末余额，减去"坏账准备"账户中相应各项目计提的坏账准备期末余额后的金额填列。

（二）根据总账账户期末余额计算填列

资产负债表中一部分项目的"期末余额"需要根据有关总账账户的期末余额计算填列。

（1）"货币资金"项目，应根据"库存现金""银行存款"和"其他货币资金"等账户的期末余额合计填列。

（2）"未分配利润"项目，应根据"本年利润"账户和"利润分配"账户的期末余额计算填列，如为未弥补亏损，则在本项目内以"—"号填列，年末结账后，"本年利润"账户已无余额，"未分配利润"项目应根据"利润分配"账户的年末余额直接填列，贷方余额以正数填列，如为借方余额，应以"—"号填列。

（3）"存货"项目，应根据"材料采购（或在途物资）""原材料""周转材料""库存商品""委托加工物资""生产成本"等账户的期末余额之和，减去"存货跌价准备"账户期末余额后的金额填列。

（4）"固定资产"项目，应根据"固定资产"账户的期末余额减去"累计折旧""固定资产减值准备"账户期末余额后的净额填列。

（5）"无形资产"项目，应根据"无形资产"账户的期末余额减去"累计摊销""无形资产减值准备"账户期末余额后的净额填列。

（6）"在建工程""长期股权投资"和"持有至到期投资"项目，均应根据其相应总账账户的期末余额减去其相应减值准备后的净额填列。

（7）"长期待摊费用"项目，应根据"长期待摊费用"账户期末余额扣除其中将于一年内摊销的数额后的金额填列，将于一年内摊销的数额填列在"一年内到期的非流动资产"项目内。

（8）"长期借款"和"应付债券"项目，应根据"长期借款"和"应付债券"账户的期末余额，扣除其中在资产负债表日起一年内到期且企业不能自主地将清偿义务展期的部分后的金额填列，在资产负债表日起一年内到期、且企业不能自主地将清偿义务展期的部分在流动负债类下的"一年内到期的非流动负债"项目内反映。

（三）根据总账账户期末余额直接填列

资产负债表中大部分项目的"期末余额"可以根据有关总账账户的期末余额直接填列，如"交易性金融资产""应收票据""固定资产清理""工程物资""递延所得税资产""短期借款""交易性金融负债""应付票据""应付职工薪酬""应交税费""递延所得税负债""预计负债""实收资本""资本公积""盈余公积"等项目。这些项目中，"应交税费"等负债项目，如果其相应账户出现借方余额，应以"—"号填列；"固定资产清理"等资产项目，如果其相应的账户出现贷方余额，也应以"—"号填列。

7.2　出纳操作指导

一、原始凭证填制的基本要求

1. 真实可靠。即如实填列经济业务内容和数字，不弄虚作假，不涂改、挖补。

2. 内容完整。即应该填写的项目要逐项填写（接受凭证方应注意逐项验明），不可缺漏，尤其需要注意的是，年、月、日要按照填制原始凭证的实际日期填写；名称要写全不能简化；品名或用途要填写明确，不能含糊不清；有关经办业务人员的签章必须齐全。

3. 填制及时。即每当一项经济业务发生或完成，都要立即填制原始凭证，做到不积压、不误时、不事后补制。

4. 书写清楚。原始凭证上的数字和文字，要认真填写，做到字迹清晰，整齐和规范，易于辨认。不得使用未经国务院公布的简化汉字。一旦出现书写错误，不得随意涂改、刮擦、挖补，应按规定办法更改。有关货币资金收付的原始凭证，如果填写错误，不允许在凭证上进行更改，只能加盖"作废"戳记，重新填写，以免错收错付。

5. 顺序使用。即收付款项或实物的凭证要顺序或分类编号，在填制时按照编号的次序使用，跳号的凭证应加盖"作废"戳记，不得撕毁。

二、原始凭证填制的附加要求

1. 从外单位取得的原始凭证，必须盖有填制单位的发票专用章或财务专用章；从个人取得的原始凭证，必须有填制人员的签名或者盖章。自制原始凭证必须有经办部门负责人或其指定人员的签名或者盖章；对外开具的原始凭证必须加盖本单位具有法律效力和规定用途的公章，即能够证明单位身份和性质的印鉴，如业务公章、财务专用章、发票专用章、收款专用章等。

2. 凡填有大写和小写金额的原始凭证，大写与小写的金额必须相符，符合书写规范。

3. 购买实物的原始凭证，必须有验收证明。实物购入以后，要按照规定办理验收手续，这有利于明确经济责任，保证账实相符，防止盲目采购，避免物资短缺和流失，会计人员通过有关的原始凭证进行监督检查。需要入库的实物，必须填写入库验收单，由仓库保管人员在入库验收单上如实填写实收数额，并签名或盖章。不需要入库的实物，由经办人员在凭证上签名或盖章以后，必须交由实物保管人员或使用人员进行验收，并由实物保管人员或使用人员在凭证上签名或盖章。经过购买人以外的第三者查证核实以后，会计人员才能据以报销付款并做进一步会计处理。

4. 一式几联的原始凭证，必须用双面复写纸套写或本身就具备复写功能；必须注明各联的用途，并且只能以一联用作报销凭证；必须连续编号，作废时应加盖"作废"戳记，连同存根一起保存。

5. 职工因公出差借款应填写正式借款单据，附在记账凭证之后。职工借款时，应由本人填制借款单，经审核并签名或盖章，然后办理借款。借款单据是此项借款业务的原始凭证，在收回借款时，应当另开收据或者退还借款单据的副本，不得退还原借款单据。

6. 经上级有关部门批准的经济业务，应当将批准文件作为原始凭证附件。如果批准文件需要单独归档的，应当在凭证上注明批准机关名称、日期和文件字号。

三、货币资金收付业务指导

（一）现金的收付业务

必须根据审核无误的原始凭证，填制收付款凭证，办理现金收支业务。办理现金收付时，出纳员应当面清点，做到收付两清。现金收付后，必须在收付款凭证上签名，并加盖"现金收讫"或"现金付讫"戳记。

（二）银行存款的收付手续

1. 将款项送存银行：应填写缴款单或进账单，连同现金或银行结算凭证送交银行，根据进账单回单联编制记账凭证；如果是通过银行转账结算增加的银行存款，则根据银行转来的收账通知编制记账凭证。

2. 企业从银行提取现金或支付款项时，应签发支票或其他结算凭证，也可以由银行直接办理付款，根据支票存根、银行转来的付款通知或其他付款凭证作为入账依据。

3. 对支票及各种结算凭证应指定专人保管，领用支票时要按编号顺序登记，在支票上写明收款单位、签发日期、款项用途、大小写金额。

4. 企业在银行开立账户，要送存单位及有关人员印章，签发各种结算凭证时必须加盖预留银行的印章，印章应由专人保管。但支票和印章必须由两人分别保管。

四、日记账的建立与登记

（一）日记账的建立

日记账应采用三栏订本式账簿。出纳启用账簿后，应根据期初建账资料分别建立现金日记账和银行存款日记账。

1. 登记日期：20××年12月1日。

2. 摘要：书写"承前页"字样。

3. 根据建账资料填写期初余额。

此外，银行存款日记账应在账首部分填写开户行名称及账号。

（二）现金日记账的登记

现金日记账必须根据审核无误的现金收付款凭证登记。对于从银行提取现金的经济业务，根据银行付款凭证登记。

1. 日期栏：与记账凭证日期一致，记账凭证日期要与现金实际收付日期一致。

2. 凭证字号栏：根据据以记账的记账凭证种类及编号登记。

3. 摘要栏：简要说明入账经济业务的内容。

4. 对方科目栏：指与现金对应的会计科目。

5. 收入栏：根据现金收款凭证登记，从银行提现的业务根据银行存款付款凭证登记。

6. 支出栏：根据现金付款凭证登记。

登记现金日记账要做到日清月结，每天结出余额，并且与库存现金核对相符。

（三）银行存款日记账的登记

银行存款日记账必须根据审核无误的银行存款收付凭证逐笔登记，对于将现金存入银行的业务，根据现金付款凭证登记。银行存款日记账的登记方法与现金日记账的登记方法基本相同，但账页中增加了"结算凭证种类与号数"栏，用以登记使银行存款增加或减少的结算方式，以便于日后同银行对账单核对。如"现支××号""信汇××号"和"转支××号"等。

（四）银行存款余额调节表的编制

出纳员将开户银行定期编制的对账单与企业银行存款日记账逐笔核对，既要核对金额，又要核对结算凭证的种类与号数。如果双方的账簿记录没有差错，但账面余额不一致，可通过编制银行存款余额调节表，使之调节相符。

7.3 记账会计操作指导

一、明细账的建立与登记

（一）明细账的建立

明细账一般采用活页式账簿，也有的采用卡片式账簿。其格式有三栏式、数量金额式和多栏式等。建立明细账，首先要确定每个科目所使用的账簿格式。华光有限责任公司开设的明细账账页设置格式如表 7-1 所示。

表 7-1　　　　　　　　　　　　　　　　　开设明细账一览表

应开设的明细账	所涉及的账户
三栏式明细账	只需进行金额核算的经济业务，如其他货币资金、交易性金融资产、应收票据、应收账款、预付账款、其他应收款、原材料二级账、周转材料二级账、发出商品、固定资产二级账、在建工程、固定资产清理、无形资产、累计摊销、短期借款、应付票据、应付账款、预收账款、应付职工薪酬、其他应付款、应交税费、应付利息、应付债券、实收资本、资本公积、盈余公积、本年利润、利润分配等
数量金额式明细账	自制半成品、库存商品
多栏式明细账	材料成本差异、管理费用、销售费用、财务费用、制造费用、生产成本、应交税费——应交增值税（专用）
横线登记式明细账	材料采购

其次，填写明细账的名称和相关内容。明细账的名称为会计科目名称，账户名称参见期初建账资料表。登记期初余额具体填写方法同总账。

此外，为了方便登记账簿，可在账簿侧面粘贴口取纸，标明账户名称。

（二）明细账的登记

登记账簿的具体规则和要求如下。

1. 要根据审核无误的会计凭证记账。为了保证账簿记录的正确性，记账人员应对已审核的凭证再审核一次，对于发现的问题，应向会计主管人员反映。登记时，要对准一级科目及明细科目，将会计凭证的日期、种类和编号、摘要、借贷金额和其他有关资料一一记入账内，要求做到清晰准确、谨防串户、反向或看错写错数字。登毕后，要同时在记账凭证上注明账簿页数，或注明已经登记的符号"√"，以免重记、漏记。并且要在记账凭证上签名或盖章，以示负责。

2. 记账时，必须用钢笔和蓝、黑墨水书写，不得使用铅笔或圆珠笔。账簿记录发生错误，不准涂改、挖补、刮擦或用褪色药水更改字迹，必须按规定方法更正。红色墨水只能在下列情况下使用：

①根据红字冲账的记账凭证，冲销错误记录；

②在只设借方栏的多栏式账页中，登记贷方发生额；

③在账户的余额栏前，如未印明余额的方向（借或贷），在余额栏内登记负数余额；

④结账画线或按规定用红字登记的其他记录。

3. 记账时，不得跳行、隔页，应按规定的页次逐行、逐页顺序连续登记。如不慎出现跳行、隔页时，应将空行用斜线注销或用"此行空白"字样注销，将空页用"×"符号注销或用"此页空白"字样注销，并在空行中间或空页的"×"符号交叉点处盖章负责。对订本式账簿不得任意撕毁，对活页式账簿也不得任意抽换账页。

4. 账页记满时，应办理转页手续。每一账页登记完毕结转下页时，应结出本页的借贷方发生额和余额，写在本页最后一行和下页第一行有关栏内，并在摘要栏内分别注明"过次页"和"承前页"字样。对不需加计发生额的账户，可只把每页末的余额转入次页第一行余额栏内，并在摘要栏内注明"承前页"即可。具体办法是：第一，需要结计本月发生额的账户，结计"过次页"的本页合计数应为本月初至本页末止的发生额合计数；第二，不需要结计本月发生额但需要结计全年累计数的账户，结计"过次页"的本页合计数应为自年初至本页末止的累计数；第三，对某些既不需结计当月发生额又不需要结计全年累计发生额的账户，可以将每页末余额直接结转次页，但为了验证月末余额的计算是否正确，可以用铅笔结出每页的发生额，这个合计数不占正式空格，写在底线下边。

5. 有借、贷、余额栏的账户，应按规定时间结出余额，并按余额的实际情况在"借或贷"栏内写明"借"或"贷"字样；如果该账户已结平，无余额，则应在"借或贷"栏内写上"平"字，并在余额栏"元"字栏内写"0"或"Q"符号。

二、利润表的编制

利润表是反映企业一定会计期间经营成果的报表。该表是按照各项收入、费用以及构成利润的各个项目分类分项编制而成的。

常见的利润表结构主要有单式步和多步式两种。企业会计制度规定，企业利润表应采用多步式利润表结构，主要包括以下五个方面的内容：一是营业收入；二是营业利润；三是利润总额；四是净利润；五是每股收益。

（一）计算步骤和内容

第一步，以营业收入为基础，减去营业成本、营业税金及附加、销售费用、管理费用、财务费用、资产减值损失、加公允价值变动收益、投资收益，计算出营业利润。

第二步，以营业利润为基础，加上营业外收入、减去营业外支出，计算出利润总额。

第三步，以利润总额为基础，减去所得税费用，计算出净利润（或亏损）。

（二）编制方法

1. "上期金额"栏内各项数字的填列。"上期金额"栏反映各项目上月利润的实际发生额，应根据上期利润表"本期金额"栏内所列数字填列。如果上期利润表的各个项目的名称和内容与本期不一致，应对上期利润表各项目的名称和数字按本期的规定进行调整，填入上期金额栏内。

2. "本期金额"栏内各项数字的填列。"本期金额"栏反映各项目本月的实际发生额。应根据表中各项目的发生额分析、计算填列。

3. 年度利润表有关栏目的填列方法。在编制年度利润表时，"本年金额"栏反映本年度的实际发生数，"上年金额"反映上年度利润的实际发生数。由于年终结账时，全年的收入和支出已全部转入"本年利润"科目，并且通过收支对比结出本年净利润的数额。因此，应将年报中的"净利润"数字与"本年利润"科目结转到"利润分配——未分配利润"科目的数字相核对，检查报表编制和账簿记录的正确性。

7.4　制单会计操作指导

一、经济业务的确认和计量

制单会计应根据审核无误的原始凭证所记录的经济业务进行会计确认与计量。

1. 采购业务：根据采购合同、销售方的发票、付款凭证、运单、验收单等确认采购成本和款项的是否支付。

2. 销售业务：根据顾客订单、销售发票、出库单、发运凭证、收款凭证等确认销售收入和款项的是否收取。

3. 存货业务：根据验收单、产品入库单、收料汇总表、领料单、发料汇总表、盘点表等确认存货发出成本和期末结存成本。

4. 固定资产业务：根据购进发票、验收单、付款凭证、固定资产卡片等确认固定资产购进、验收、使用、清理等。

5. 产品成本业务：根据领发料凭证、产量记录、工时记录、材料费用分配表、制造费用分配表、成本计算单等确认产品成本。

6. 货币资金业务：根据购货发票、销售发票、工资表、借据、收据、差旅费报销单、各种结算票据、各种收款、付款通知单、现金盘点表等确认现金、银行存款和其他货币资金等。

二、记账凭证的填制

（一）一切会计记录都要有真凭实据

填制和审核原始凭证，是会计核算的基础工作，它对于记录和监督经济业务，明确经济责任，处理经济纠纷具有重要作用。因此，会计记录如果没有真实、合法的凭据，则不能任意动用资产，也不能进行账务处理。

（二）必须根据审核无误的原始凭证填制记账凭证

在填制记账凭证前，应确定采用哪种格式的记账凭证，若选择采用专用凭证，在接到原始凭证填制记账凭证时，还要准确选择哪一种专用凭证。若为收款业务应填制收款凭证，若为付款业务应填制付款凭证，若为转账业务应填制转账凭证。

记账凭证可以根据一张或若干张反映同一经济业务的原始凭证填制，也可以把若干张同类经济业务的原始凭证进行汇总，根据汇总表填制。对于调账、结账以及更正错账，一般没有原始凭证，但填制记账凭证时要作较为具体的说明或附有自制的计算单。

（三）填写记账凭证的日期

记账凭证的填写日期一般是会计人员填制凭证的当天日期，也可以根据管理需要，填制经济业务的发生日期或月末日期。因此，它可以与所依据的原始凭证日期一致，也可能不一致。一般来说，记账凭证的填写日期具体要求是：报销差旅费填写报销当日日期；现金收付填写收付日期；银行收款业务填写财会部门收到银行进账单或银行回执的戳记日期，但当实际收到进账单日期与银行戳记日期相隔较远，或当日收到上月银行收款凭证，则应按财会部门实际办理转账业务的日期填写；银行付款业务，应填写财会部门开出付款单据或承付的日期；属于分配费用、结转成本、分配利润等转账业务，应填写当月最末日期。

（四）填写记账凭证的编号

记账凭证应按月编号，采用通用记账凭证的，可按经济业务发生的先后顺序编号，每月以第 1 号为起始号。采用专用记账凭证的，收款凭证、付款凭证和转账凭证可分为现金收入、现金付出、银行存款收入、银行存款付出和转账业务五类，分别起头，连续编号，写成现收字第×号、现付字第×号、银收字第×号、银付字第×号、转字第×号。还可以按收、付、转三类编号，写成收字第×号、付字第×号、转字第×号。如果一项经济业务需要填制多张记账凭证，应采用分数编号法。

（五）填好摘要

摘要一栏，是填写该记账凭证反映的经济业务内容的。它没有统一模式，应因事而异，详略不同。填写的基本要求是真实准确，简明扼要。其中：收付款业务要写明收付款对象及款项内容，使用支票的，应填写支票号码；购买物资业务要写明供货方及主要品种、数量；债权债务业务应写明对方名称、经手人及发生时间；溢缺事项应写明发生部门、原因及责任人；对于冲销或补充等更正差错事项，应写明"注销×月×日×号凭证"或"订正×月×日×号凭证"字样；若一张或几张原始凭证需填制两张以上记账凭证而其只能附在一张之后，则应分别写明"本记账凭证附件包括×号记账凭证业务"或"原始凭证附在×号记账凭证后面"等字样。

（六）准确填写账户名称并正确反映借贷方向

账户名称，即会计科目，应填写全称，不得简写或只写编号而不写名称，不得用"…"符号代表。要写明必要的二级科目及明细科目，以便登记明细账。账户的借贷方向要正确，或以账户体现出来，或以金额体现出来。填写账户名称时先写借项，后写贷项。不能把不同内容、不同类型的业务合并，编制一组会计分录，填制在一张凭证上；也不能人为地把一笔业务任意割裂开来填制在几张凭证上。原则上一笔经济业务编制一张记账凭证。

（七）金额栏数字的填写

记账凭证的金额必须与所附原始凭证的金额相符。填写金额时，阿拉伯数字要规范，并平行对准借贷栏次和科目栏次，防止错栏串行。金额数字要写到分位，角分位没数字也要填上"00"，角分位的数字或零要与元位的数字平行，不得上下错开。要在金额合计行填写合计金额，并在前面写上"￥"符号。不是合计金额，则不填写货币符号。填写金额（包括文字）不得跳行，对多余空行，应画斜线或"S"形线注销。画线应从金额栏最后一笔金额数字下的空行画到合计数行上面的空行，要注意两端都不能画到金额数字的行次上。

（八）所附原始凭证张数的计算和填写

记账凭证后附的主要有原始凭证、原始凭证汇总表、计算单、分配表、批准文件等。附件张数应用阿拉伯数字填写在指定位置。附件张数的计算方法有两种：一种是按构成记账凭证金额的原始凭证或原始凭证汇总表计算张数，原始凭证或原始凭证汇总表所附的单据，只作为附件的附件处理。如差旅费、市内交通费、医药费等单据，因数量多，可粘在一张表上，作为一张原始凭证附件，但该表上同样要注明原始单据的张数。另一种方法是以所附原始凭证的自然张数为准，有一张算一张。

（九）记账凭证的签章

记账凭证填制完成后，要由有关人员签名或盖章，以示负责。签名时要写姓名全称，不得任意简化，以免混淆。一般程序时，填制人员填毕后先签章，再由稽核人员审核后签章，之后由会计主管人员复核后签章，最后记账人员在据以记账后签章。另外，收付款凭证，还必须由出纳人员签章，表明其是否对该项款项进行了收付。

学习情境八　会计业务处理指导

8.1　典型业务处理流程

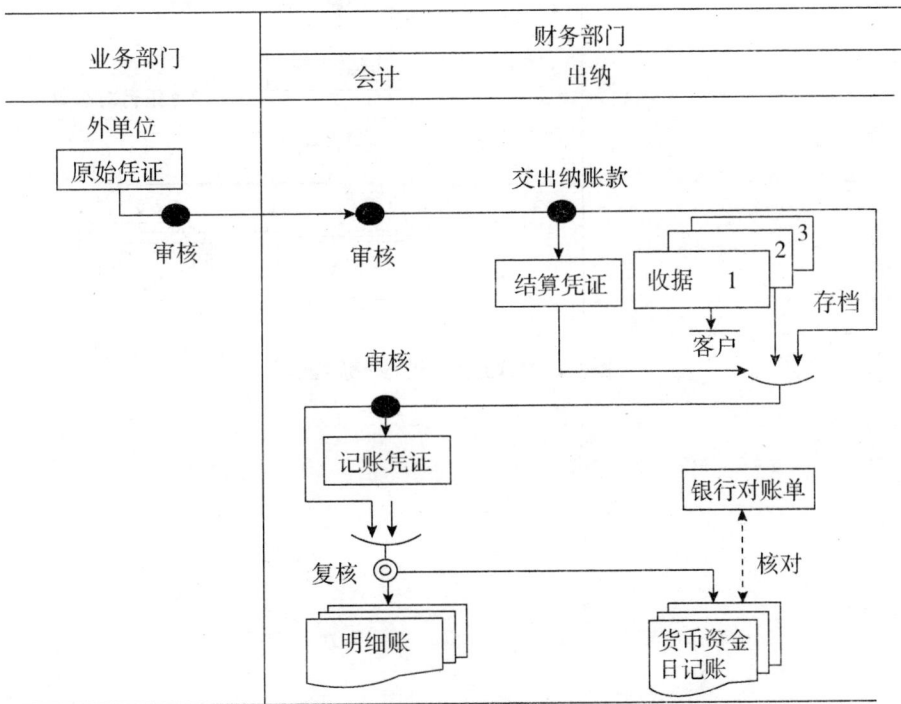

图8-1　收款业务处理程序流程图

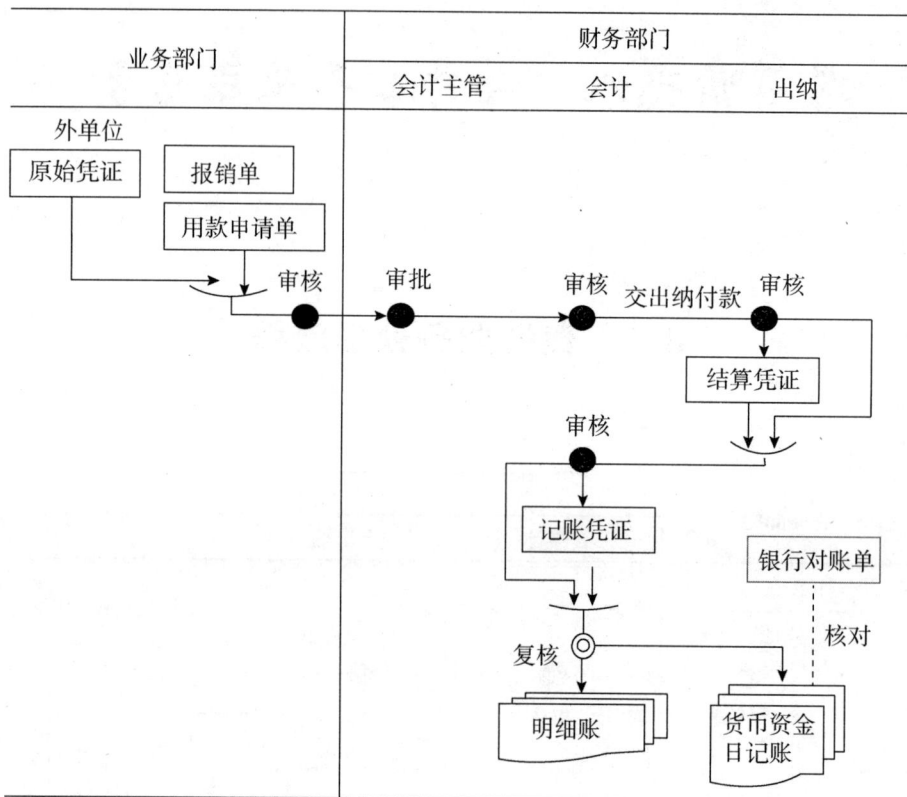

图8-2 付款业务处理程序流程图

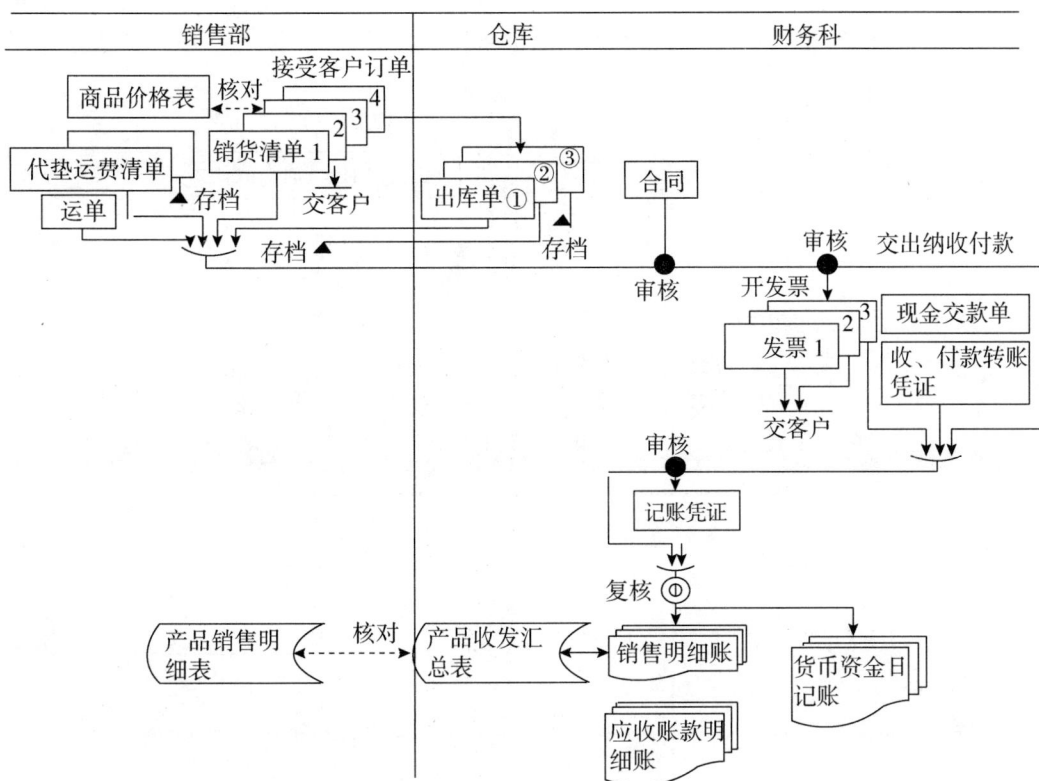

图8-3 销售与收款业务处理程序流程图

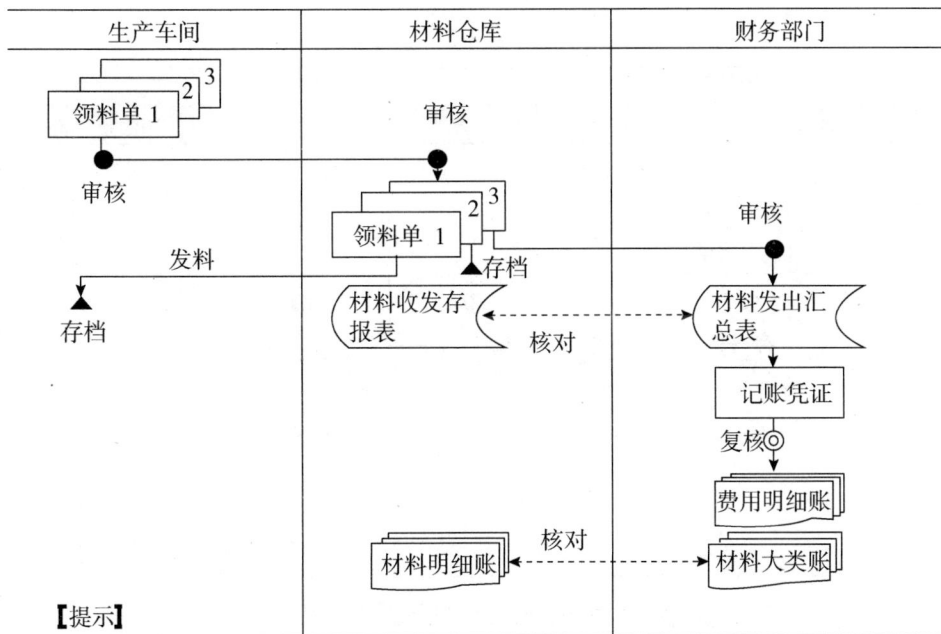

【提示】

图8-4 材料发料业务处理程序流程图

车间及各部门 | 劳资部（人事部）| 财务部门

```
车间及各部门          劳资部（人事部）              财务部门

┌──────┐ ┌──────────┐
│考勤簿 │ │产量、工时 │
│      │ │统计表等   │
└──────┘ └──────────┘
                        ┌─────────┐ 2      食堂福利等部门
                        │工资单 1  │
                        └─────────┘    ┌──────────────┐
                        ┌──────────┐②  │代扣代缴通知单 │
                        │工资汇总表 │①  └──────────────┘
                        └──────────┘        审核    ↓
                              ●审核         ●计算实发工资
                                            ┌─────────┐ 2
                                            │工资单 1  │
                              存档 ▲        └─────────┘
                                            ┌──────────┐②
                                            │工资汇总表 │①    交出纳提现
                                            └──────────┘
              签收  审核    存档 ▲        现金   ┌─────────┐
               ●    ●←────────────────────────│现金支票 │
                                              └─────────┘
                              存档 ▼
                                        ┌─────────┐
                                        │记账凭证 │
                                        └─────────┘
                                       复核 ◎
                              ┌────────────┐  ┌────────┐
                              │费用明细账   │  │货币资金 │
                              └────────────┘  │明细账   │
                              ┌────────────┐  └────────┘
                              │应付职工薪   │
                              │酬明细账     │
                              └────────────┘
```

图8-5 工资业务处理程序流程图

业务部门 | 财务部门

```
          业务部门                        财务部门

    经办人        负责人    财务管理    会计          出纳

外单位                                              交出纳付款
┌──────┐ ┌──────┐                    ●审核      ┌─────────┐
│原始凭证│ │报销单 │                              │结算凭证 │
└──────┘ └──────┘                              └─────────┘
         ┌──────────┐                              ↓
         │用款申请单  │
         └──────────┘
              ↓                          ●
              ●        ●       ●       ┌─────────┐
            签字      审签     审批      │记账凭证 │
                                        └─────────┘
                                       复核 ◎
                              ┌────────────┐  ┌────────┐
                              │费用明细账   │  │货币资金 │
                              └────────────┘  │日记账   │
                                              └────────┘
```

图8-6 费用支出业务处理程序流程图

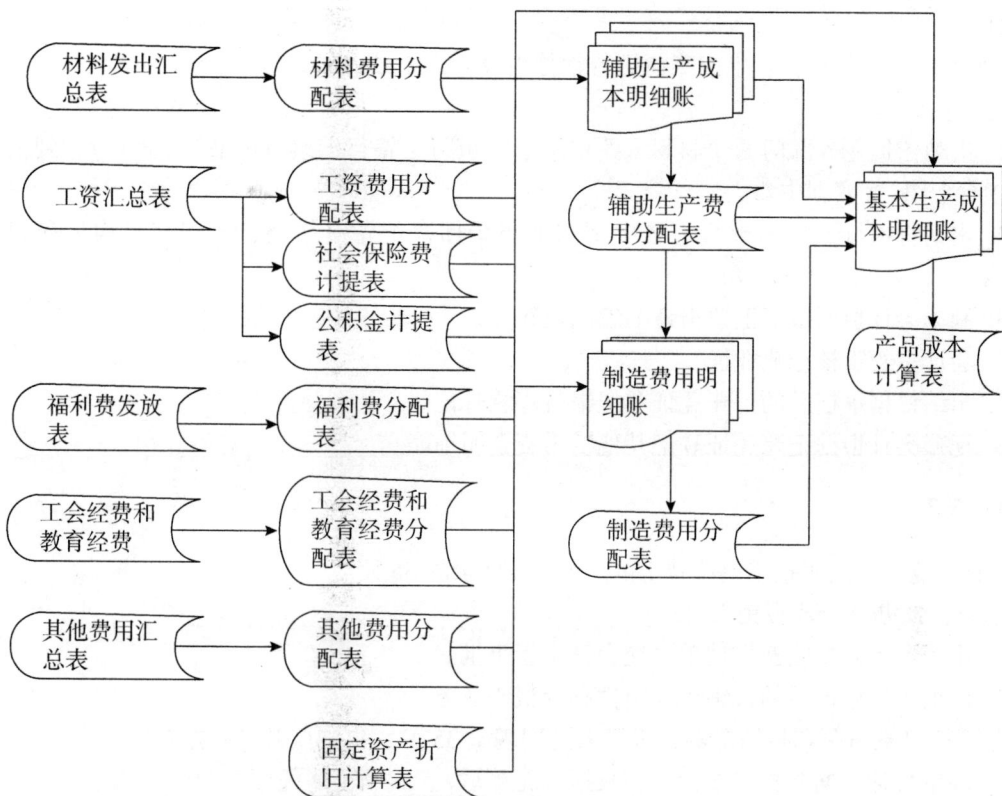

图8-7 产品成本核算流程图

8.2 具体业务处理流程

业务 1

1 日，从银行提取现金 3 000 元，备用。

起点：出纳

1. 出纳填制"支票付款申请单"，交会计主管审批。
2. 出纳签发现金支票，经审核到银行提现，并登记支票登记簿。
3. 制单会计根据支票存根编制记账凭证。
4. 会计主管（代稽核人员）审核记账凭证，并签字或盖章（下同）。
5. 出纳根据审核无误的记账凭证（支票存根）登记现金日记账和银行存款日记账。

注意：账簿登记完毕，将记账凭证返回制单会计暂管（下同）。

业务 2

1 日，向银行申请银行汇票一张，票面金额 150 000 元。交采购部门到承德配件厂采购标准件。

（承德配件厂开户行：中国工商银行承德市分行，账号：60037876。）

起点：出纳

1. 出纳依据业务部门的"材料采购申请单"填写"银行汇票申请书"（盖章），到银行办理银行汇票。（实训中略去）

2. 出纳将银行汇票、银行汇票申请书回单带回登记备查簿后，分别交采购员和制单会计。

3. 制单会计根据银行汇票申请书编制记账凭证。

4. 会计主管审核记账凭证。

5. 出纳根据审核后的记账凭证登记银行存款日记账。

6. 记账会计根据记账凭证登记其他货币资金明细账。

业务3

1 日，业务科周明报销差旅费 1 465 元，交回余款 35 元。

起点：经办员（代报销人）

1. 报销人填制差旅费报销单，交会计主管审批。

2. 出纳根据审批后的报销单及附件办理报销业务。

根据原借款情况和报销金额，报销人退回现金 35 元，出纳应开具收据。

3. 制单会计根据差旅费报销单和收据（记账联），编制记账凭证。

4. 会计主管审核记账凭证。

5. 出纳根据记账凭证登记现金日记账。

6. 记账会计根据记账凭证登记有关明细账。

业务4

2 日，支付公司会议室装修费 5 600 元。

起点：经办员

1. 经办员将费用报销单、装修费发票交出纳办理结算。

2. 出纳员填制支票付款申请单，连同费用报销单、装修发票交会计主管审批。

3. 出纳根据审批的支票付款申请单签发转账支票，并登记支票登记簿。

4. 制单会计根据费用报销单、费用发票和支票存根编制记账凭证。

5. 会计主管审核记账凭证。

6. 出纳根据记账凭证登记银行存款日记账。

7. 记账会计根据记账凭证登记有关明细账。

业务5

2 日，开出转账支票预交诉讼费 2 350 元。

起点：经办员

1. 经办员将法院专用发票交出纳办理结算。

2. 出纳员填制支票付款申请单，连同法院专用发票交会计主管审批。

3. 出纳根据审批的支票付款申请单签发转账支票，预付诉讼费，并登记支票登记簿。

4. 制单会计根据发票和支票存根编制记账凭证。

5. 会计主管审核记账凭证。

6. 出纳根据记账凭证登记银行存款日记账。

7. 记账会计根据记账凭证登记有关明细账。

业务 6

2 日，支付购买支票的工本费和手续费 51 元。

起点：银行

1. 出纳员带身份证、企业印鉴到开户银行，填写"空白凭证领用单"，并加盖企业印鉴（本步实训中略去）。

2. 银行审核无误，收取工本费、手续费，开具收费凭证，出纳领取支票，并签收。

3. 制单会计根据出纳交来的银行收费凭条编制记账凭证。

4. 会计主管审核记账凭证。

5. 出纳根据记账凭证登记银行存款日记账。

6. 记账会计根据记账凭证登记有关明细账。

业务 7

2 日，以 20 台空压机换入笔记本电脑 1 台，该交易具有商业实质，换入资产的公允价值 6 000 元，对方补价 400 元，款已收到。

起点：经办员

1. 经办员填制专用发票申请单（实训中已填好），连同中旺公司开来的专用发票、固定资产交接单、产品出库单和转账支票交会计主管审核。

2. 会计主管审核后，开具增值税专用发票，分票后将其中的记账联连同外来专用发票、固定资产交接单、出库单和转账支票转交出纳。

3. 出纳填制进账单，连同支票一并提交开户银行办理存款手续。

4. 出纳将所有凭证交制单会计编制记账凭证。

5. 会计主管审核记账凭证。

6. 出纳根据记账凭证登记银行存款日记账。

7. 记账会计根据记账凭证登记有关明细账。

注：出库单由记账会计专夹保管，以备期末汇总时用。

业务 8

3 日，支付下年度宽带费 3 000 元。

起点：经办员

1. 经办员将费用报销单、费用发票交出纳办理结算。

2. 出纳员填制支票付款申请单，连同费用发票交会计主管审批。

3. 出纳根据审批的支票付款申请单签发转账支票，并登记支票登记簿。

4. 制单会计根据费用发票和支票存根编制记账凭证。

5. 会计主管审核记账凭证。

6. 出纳根据记账凭证登记银行存款日记账。

7. 记账会计根据记账凭证登记有关明细账。

业务 9

3 日，开出转账支票购入 3 年期国债 100 000 元。

起点：出纳

1. 出纳填制支票付款申请单，连同收据交会计主管审批。

2. 出纳根据审批的支票付款申请单签发转账支票，并登记支票登记簿。

3. 制单会计根据费用发票和支票存根编制记账凭证。

4. 会计主管审核记账凭证。

5. 出纳根据记账凭证登记银行存款日记账。

6. 记账会计根据记账凭证登记有关明细账。

业务 10

3 日，购入卡车一辆，价值 300 000 元，增值税 51 000 元，款已支付，卡车投入使用。

起点：经办员（代）

1. 经办员将专用发票、固定资产验收单交出纳办理结算。

2. 出纳员填制支票付款申请单，连同专用发票、固定资产验收单交会计主管审批。

3. 出纳根据审批的支票付款申请单，签发转账支票，并登记支票登记簿。

4. 制单会计根据专用发票、验收单和支票存根编制记账凭证。

5. 会计主管审核记账凭证。

6. 出纳根据记账凭证登记银行存款日记账。

7. 记账会计根据记账凭证登记有关明细账。

业务 11

3 日，招待外地来客的住宿费、餐饮费 1 500 元，以转账支票支付。

起点：经办员

1. 经办员将费用报销单、业务招待费发票交出纳办理结算。

2. 出纳员填制支票付款申请单，连同费用报销单、业务招待费发票交会计主管审批。

3. 出纳根据审批的支票付款申请单签发转账支票，并登记支票登记簿。

4. 制单会计根据费用报销单、费用发票和支票存根编制记账凭证。

5. 会计主管审核记账凭证。

6. 出纳根据记账凭证登记银行存款日记账。

7. 记账会计根据记账凭证登记有关明细账。

业务 12

4 日，报销领导手机费 185.80 元，以现金付讫。

起点：经办员（代领导）

1. 经办员将费用报销单、费用发票交会计主管审批。

2. 出纳根据审批的费用凭证付出现金，并在费用凭证上加盖"现金付讫"章。

3. 制单会计根据费用凭证编制记账凭证。

4. 会计主管审核记账凭证。

5. 出纳根据记账凭证登记现金日记账。

6. 记账会计根据记账凭证登记有关明细账。

业务 13

4 日，报销销售部门邮费 120 元，以现金支付。

起点：经办员

1. 经办员将费用报销单、费用发票交会计主管审批。

2. 出纳根据审批的费用凭证付出现金，并在费用凭证上加盖"现金付讫"章。

3. 制单会计根据费用凭证编制记账凭证。

4. 会计主管审核记账凭证。

5. 出纳根据记账凭证登记现金日记账。

6. 记账会计根据记账凭证登记有关明细账。

业务 14

5 日，以银行汇票从承德配件厂购进标准件 20 000 套，余款退回，材料验收入库。

起点：银行

1. 出纳从银行取回增值税专用发票、银行汇票多余款收账通知经业务部门审核后转交制单会计。

2. 制单会计根据增值税专用发票、银行汇票多余款收账通知编制记账凭证。

3. 会计主管审核记账凭证。

4. 出纳根据记账凭证登记银行存款日记账。

5. 记账会计根据记账凭证登记明细账。

起点：经办员（仓库）

1. 经办员将收料单交制单会计。

2. 制单会计进行票单核对，无误后编制记账凭证。

3. 会计主管审核记账凭证。

4. 记账会计根据记账凭证登记有关明细账。

业务 15

5 日，向红星汽车厂销售空压机 1 000 台，每台 320 元，增值税税率 17%，收转账支票一张，送存银行。

起点：经办员（业务部门）

1. 经办员将开具发票申请单交会计主管，会计主管开具增值税专用发票，分票后将其中的记账联转制单会计。

2. 经办员将出库单交制单会计，制单会计进行票单核对。

3. 经办员将支票交出纳，出纳填制进账单，到银行办理存款手续，然后将进账单回单联转制单会计。

4. 制单会计根据核对无误后的专用发票记账联、进账单回单编制记账凭证（出库单专夹保管）。

5. 会计主管审核记账凭证。

6. 出纳根据记账凭证登记银行存款日记账。

7. 记账会计根据记账凭证登记有关明细账。

业务 16

5 日，经核实，光明设备厂倒闭，应收账款可收回 80%，损失 3 680 元。

起点：会计主管

1. 会计主管提出坏账损失确认申请，报单位领导审批，审批后转制单会计。

2. 制单会计根据审批后的坏账损失计算表编制记账凭证。

3. 会计主管审核记账凭证。

4. 记账会计根据记账凭证登记有关明细账。

业务 17

6 日，以存出投资款购买股票 2 000 股，每股 26 元（其中包含已宣告但尚未发放的股利 2 000 元），支付手续费 50 元。

起点：经办员

1. 经办员将证券交易成交报告单交会计主管审核。

2. 制单会计根据审核后的报告单编制记账凭证。

3. 会计主管审核记账凭证。

4. 记账会计登记有关明细账。

业务 18

6 日，以现金购买办公用品 142.30 元。

起点：经办员

1. 经办员将费用报销单、费用发票交会计主管审批。

2. 出纳根据审批的费用凭证付出现金，并在费用凭证上加盖"现金付讫"章。

3. 制单会计根据费用凭证编制记账凭证。

4. 会计主管审核记账凭证。

5. 出纳根据记账凭证登记现金日记账。

6. 记账会计根据记账凭证登记有关明细账。

业务 19

6 日，收回第一汽车制造厂前欠货款 44 640 元。

起点：银行

1. 出纳从银行取回托收凭证收账通知转制单会计。

2. 制单会计根据审核的托收凭证编制记账凭证。

3. 会计主管审核记账凭证。

4. 出纳根据记账凭证登记银行存款日记账。

5. 记账会计登记有关明细账。

业务 20

7 日，缴纳上月增值税、所得税、城建税、教育费附加和地方教育费附加。

起点：银行

1. 出纳从银行取回税收缴款书转制单会计。

2. 制单会计根据税收缴款书编制记账凭证。

3. 会计主管审核记账凭证。

4. 记账会计根据记账凭证登记有关明细账。

业务 21

7 日，从首钢购入生铁 300 吨，每吨 1 000 元，发生运输费 600 元，货款已付，材料未到。

起点：银行

1. 出纳从银行取回托收凭证及附件，转业务部门审核，同意付款后转制单会计。

2. 制单会计根据托收凭证及附件编制记账凭证。

3. 会计主管审核记账凭证。

4. 出纳根据记账凭证登记银行存款日记账。

5. 记账会计根据记账凭证登记有关明细账。

业务 22

7 日，将未到期的银行承兑汇票向银行办理贴现，面值 80 000 元，贴现利息 2746.67 元，贴现金额 79 653.33 元。

起点：银行（实际是出纳）

1. 出纳填写贴现凭证，持此贴现凭证和未到期的银行承兑汇票到银行办理贴现事宜，银行审核贴现凭证和承兑汇票，填写贴现凭证中的贴现率、贴现利息和贴现金额（实训时已略去此操作）。出纳将银行盖章退回的贴现凭证收账通知交制单会计。

2. 制单会计根据贴现凭证编制记账凭证。

3. 会计主管审核记账凭证。

4. 出纳根据记账凭证登记银行存款日记账，并登记应收票据备查簿。

5. 记账会计根据记账凭证登记有关明细账。

业务 23

8 日，以转账支票支付广告费 5 000 元。

起点：经办员

1. 经办员将费用报销单、广告费发票交出纳办理结算。

2. 出纳填制支票付款申请单，连同费用报销单、广告费发票交会计主管审批。

3. 出纳根据支票付款申请单，签发转账支票，并登记支票登记簿。

4. 制单会计根据费用报销单、费用发票和支票存根编制记账凭证。

5. 会计主管审核记账凭证。

6. 出纳根据记账凭证登记银行存款日记账。

7. 记账会计根据记账凭证登记有关明细账。

业务 24

8 日，以转账支票支付环境卫生费 230 元。

起点：经办员

1. 经办员将费用报销单、卫生费发票交出纳办理结算。

2. 出纳填制支票付款申请单，连同费用报销单、卫生费发票交会计主管审批。

3. 出纳根据审批的支票付款申请单签发转账支票，并登记支票登记簿。

4. 制单会计根据费用报销单、费用发票和支票存根编制记账凭证。

5. 会计主管审核记账凭证。

6. 出纳根据记账凭证登记银行存款日记账。

7. 记账会计根据记账凭证登记有关明细账。

业务 25

8 日，向第一汽车制造厂销售空压机 2 000 台，每台 320 元，增值税率 17%，发货时代垫运输费 200 元，采用托收承付结算方式结算货款。

起点：经办员

1. 经办员将开具专用发票申请书交会计主管，会计主管开具增值税专用发票，分票后将其中的记账联转制单会计，将发票联、抵扣联暂转出纳办托收。

2. 经办员将出库单交制单会计，制单会计进行票单核对。

3. 经办员将铁路货票连同自制的运费垫支凭证交出纳，出纳填写支票付款申请书，交会计主管审批。

4. 出纳根据支票付款申请书签发转账支票，并登记支票登记簿。

5. 出纳填写托收凭证一套，连同专用发票发票联、抵扣联、铁路货票提交银行，办理委托收款手续。

6. 出纳将托收凭证回单、运费垫支凭证、支票存根转制单会计。

7. 制单会计将托收凭证与专用发票记账联、运费垫支凭证、支票存根等凭证核对，无误后，编制记账凭证。

8. 出纳根据记账凭证登记银行存款日记账。

9. 记账会计根据记账凭证登记有关明细账。

业务 26

9 日，从大同煤矿购进原煤 50 吨，银行转来相关凭证，材料已经入库。

起点：银行

1. 出纳从银行取回托收凭证、增值税专用发票、运费凭证交业务部门审核后转制单会计。

2. 制单会计根据托收凭证、增值税专用发票、运费凭证编制记账凭证。

3. 会计主管审核记账凭证。

4. 出纳根据记账凭证登记银行存款日记账。

5. 记账会计根据记账凭证登记明细账。

起点：经办员（仓库）

1. 经办员将收料单交制单会计。

2. 制单会计进行票单核对，无误后根据收料单编制记账凭证。

3. 会计主管审核记账凭证。

4. 记账会计根据记账凭证登记有关明细账。

业务 27

9 日，从首钢购进的生铁 300 吨，运输费 600 元，已到达企业，验收入库。

起点：经办员（仓库）

1. 经办员将收料单交制单会计。

2. 制单会计与记账会计对采购明细账进行核对后，根据收料单编制记账凭证。

3. 会计主管审核记账凭证。

4. 记账会计根据记账凭证登记有关明细账。

业务 28

9 日，上月销售给 22 冶机电公司的空压机退回 7 台，验收入库，并退回货款。

起点：经办员

1. 经办员持开具专用发票申请单、退货证明单交会计主管审批，同意退货时，开具红字增值税专用发票。分票后将其中的记账联及退货证明单转出纳通知退款。

2. 出纳填制支票付款申请书，交会计主管审批。

3. 出纳签发转账支票付款，并登记支票登记簿，然后将专用发票、退货证明单、支票存根交制单会计。

4. 经办员将入库单交制单会计，制单会计进行票单核对无误后，编制记账凭证。

5. 会计主管审核记账凭证。

6. 出纳根据记账凭证登记银行存款日记账。

7. 记账会计根据记账凭证登记有关明细账。

业务 29

10 日，偿还银行短期借款 50 万元。

起点：银行

1. 出纳带企业财务专用章到开户银行办理还款手续，将还款凭证带回交制单会计。

2. 制单会计根据还款凭证编制记账凭证。

3. 会计主管审核记账凭证。

4. 出纳根据记账凭证登记银行存款日记账。

5. 记账会计根据记账凭证登记有关明细账。

业务 30

10 日，以现金支付职工困难补助 1 200 元。

起点：会计主管

1. 会计主管将职工困难补助发放表交出纳。

2. 出纳根据困难补助发放表发放现金，并在发放表上加盖"现金付讫"章。

3. 制单会计根据发放表编制记账凭证。

4. 会计主管审核记账凭证。

5. 出纳根据记账凭证登记现金日记账。

6. 记账会计根据记账凭证登记有关明细账。

业务 31

10 日，以转账支票支付商品展销费 2 000 元。

起点：经办员

1. 经办员将费用报销单、费用发票交出纳办理结算。

2. 出纳填写支票付款申请单，报会计主管审批。

3. 出纳签发转账支票，并登记支票登记簿。

4. 制单会计根据费用报销单、费用发票、支票存根编制记账凭证。

5. 出纳根据记账凭证登记银行存款日记账。

6. 记账会计根据记账凭证登记费用明细账。

业务 32

10 日，以银行存款缴纳职工"三险一金"。

起点 1：经办人

1. 经办人将住房公积金收据交出纳，出纳填写支票付款申请单，交会计主管审批。

2. 出纳签发转账支票付款，并登记支票登记簿，将收据、支票存根转制单会计。

3. 制单会计根据收据、支票存根编制记账凭证。

4. 会计主管审核记账凭证。

5. 出纳根据记账凭证登记银行存款日记账。

6. 记账会计根据记账凭证登记有关明细账。

起点 2：银行

1. 出纳从银行取回保险费缴款书交制单会计。

2. 制单会计根据缴款书编制记账凭证也可与公积金缴款业务合并处理)。

3. 会计主管审核记账凭证。

4. 出纳根据记账凭证登记银行存款日记账。

5. 记账会计根据记账凭证登记有关明细账。

业务 33

10 日，预计担保损失 20 000 元。

起点：会计主管

1. 会计主管将预计担保损失单交制单会计。

2. 制单会计编制记账凭证。

3. 会计主管审核记账凭证。

4. 记账会计根据记账凭证登记明细账。

业务 34

10 日，收到已宣告发放的股票股利 2 000 元。

起点：银行

1. 出纳从银行取得股票分红报告单交制单会计。

2. 制单会计根据报告单编制记账凭证。

3. 会计主管审核记账凭证。

4. 记账会计根据记账凭证登记明细账。

业务 35

11 日，从山东铝业购进的铝材 100 吨，运输费 800 元，到达企业入库，货款结算凭证未到。

起点：经办员

经办员将收料单交制单会计。制单会计与记账会计共同确认该笔业务类型。

1. 如果属于付款在先收料在后业务，则进行账务处理。

2. 如果属于收料在先，付款在后业务，暂不处理，收料单由制单会计专夹保管。

该笔业务属于后者，暂不进行账务处理。

业务 36

11 日，向唐海农机制造厂销售空压机 1 500 台，收到银行汇票一张，送存银行（前已预收 10 000 元）。

起点：经办员

1. 经办员将开具专用发票申请单交会计主管，会计主管开具增值税专用发票，分票后将其中的记账联交制单会计。

2. 经办员将出库单交制单会计，制单会计进行票单核对。

3. 经办员将收取的银行汇票交出纳；出纳填制进账单，将汇票款存入银行，然后将进账单回单交制单会计。

4. 制单会计根据核对无误后的专用发票、进账单编制记账凭证。

5. 会计主管审核记账凭证。

6. 出纳根据记账凭证登记银行存款日记账。

7. 记账会计根据记账凭证登记有关明细账。

业务 37

12 日，向银行提取现金 3 000 元备用。

起点：出纳

1. 出纳填制"支票付款申请单"，交会计主管审批。
2. 出纳签发现金支票到银行提取现金，并登记支票登记簿。
3. 制单会计根据支票存根编制记账凭证。
4. 会计主管审核记账凭证。
5. 出纳根据记账凭证（支票存根）登记现金日记账和银行存款日记账。

业务 38

12 日，公司办公室报销餐费 500 元。

起点：经办员

1. 经办员将费用报销单、费用发票交会计主管审批。
2. 出纳根据审批后的费用凭证付出现金，并在费用凭证上加盖"现金付讫"章。
3. 制单会计根据费用凭证编制记账凭证。
4. 会计主管审核记账凭证。
5. 出纳根据记账凭证登记现金日记账。
6. 记账会计根据记账凭证登记有关明细账。

业务 39

12 日，职工王一楠报销医药费 365 元。

起点：经办员

1. 经办员将医药费报销单及附件交会计主管审批。
2. 出纳根据审批后的费用凭证付出现金，并在费用凭证上加盖"现金付讫"章。
3. 制单会计根据费用凭证编制记账凭证。
4. 会计主管审核记账凭证。
5. 出纳根据记账凭证登记现金日记账。
6. 记账会计根据记账凭证登记有关明细账。

业务 40

12 日，以支票支付职工培训费 1 600 元。

起点：经办员

1. 经办员将费用报销单、培训费收据交出纳办理结算。
2. 出纳员填制支票付款申请单，连同费用报销单、收据交会计主管审批。
3. 出纳根据审批的支票付款申请单签发转账支票，并登记支票登记簿。
4. 制单会计根据费用报销单、费用收据和支票存根编制记账凭证。
5. 会计主管审核记账凭证。
6. 出纳根据记账凭证登记银行存款日记账。

7. 记账会计根据记账凭证登记有关明细账。

业务41

13 日，收回洛阳拖拉机厂前欠货款 18 400 元。

起点：银行

1. 出纳从银行取回托收凭证收账通知交制单会计。
2. 制单会计根据收账通知编制记账凭证。
3. 会计主管审核记账凭证。
4. 出纳根据记账凭证登记银行存款日记账。
5. 记账会计根据记账凭证登记有关明细账。

业务42

13 日，承付山东铝业材料款，材料于本月 11 日入库。

起点：银行

1. 出纳从银行取回托收凭证、增值税专用发票、运费凭证交业务部门审核，签署意见后转制单会计。
2. 制单会计对托收凭证及附件与收料单（前已专夹保管）进行核对，无误后编制记账凭证。
3. 会计主管审核记账凭证。
4. 出纳根据记账凭证登记银行存款日记账。
5. 记账会计根据记账凭证登记明细账。

业务43

13 日，以转账支票支付下年度报刊订阅费 1 860 元。

起点：经办员

1. 经办员将费用报销单、报刊费收据交出纳办理结算。
2. 出纳员填制支票付款申请单，连同费用报销单、收据交会计主管审批。
3. 出纳根据审批后的支票付款申请单签发转账支票，并登记支票登记簿。
4. 制单会计根据费用报销单、费用收据和支票存根编制记账凭证。
5. 会计主管审核记账凭证。
6. 出纳根据记账凭证登记银行存款日记账。
7. 记账会计根据记账凭证登记有关明细账。

业务44

14 日，接受外商张家明捐赠的一辆全新轿车，价值 200 000 元，预计使用 5 年，交厂部办公室使用。

起点：经办员

1. 经办员将捐赠协议书、固定资产验收单交制单会计。
2. 制单会计审核无误后编制记账凭证。

3. 会计主管审核记账凭证。

4. 记账会计登记明细账。

业务 45

14 日，与邯郸钢铁集团达成债务重组协议，以 25 台空压机偿还前欠货款 10 000 元。

起点：经办员

1. 经办员将开具专用发票申请单、债务重组协议、出库单交会计主管审核，会计主管开具专用发票，分票后将其中的记账联、协议书和出库单交制单会计。

2. 制单会计根据协议书、增值税专用发票、出库单编制记账凭证。

3. 会计主管审核记账凭证。

4. 记账会计根据记账凭证登记明细账。

业务 46

14 日，合同纠纷结案，负担诉讼费 2 200 元，退回现金 150 元。

起点：经办员

1. 经办员将法院结算票据连同退回的现金交出纳，出纳收妥现金后在退费凭证上盖"现金收讫"章，然后转交制单会计。

2. 制单会计根据结算票据编制记账凭证。

3. 会计主管审核记账凭证。

4. 出纳根据记账凭证登记现金日记账。

5. 记账会计根据记账凭证登记明细账。

业务 47

15 日，通过银行发放职工工资。

起点：出纳

1. 出纳根据工资结算汇总表填制支票付款申请单，交会计主管审批。

2. 出纳签发现金支票，背书后交银行，并登记支票登记簿，然后将支票存根交制单会计。

3. 制单会计根据工资结算汇总表、支票存根编制记账凭证。

4. 会计主管审核记账凭证。

5. 出纳根据记账凭证登记银行存款日记账。

6. 记账会计根据记账凭证登记明细账。

业务 48

15 日，向灾区捐款 20 000 元。

起点：经办员

1. 经办员将捐款收据交出纳办理结算。

2. 出纳填制支票付款申请单，连同收据交会计主管审批。

3. 出纳根据审批后的支票付款申请单，签发转账支票，并登记支票登记簿。

4. 制单会计根据收据和支票存根编制记账凭证。

5. 会计主管审核记账凭证。

6. 出纳根据记账凭证登记银行存款日记账。

7. 记账会计根据记账凭证登记有关明细账。

业务 49

15 日，预付热力公司冬季取暖费 25 446.75 元，自本月起分三个月摊销。

起点：经办员

1. 经办员将专用发票交出纳办理结算。

2. 出纳填制支票付款申请单，连同专用发票交会计主管审批。

3. 出纳根据审批后的支票付款申请单签发转账支票，并登记支票登记簿。

4. 制单会计根据专用发票（发票联）和支票存根编制记账凭证。

5. 会计主管审核记账凭证。

6. 出纳根据记账凭证登记银行存款日记账。

7. 记账会计根据记账凭证登记有关明细账。

业务 50

16 日，支付水塔工程包工款 12 000 元。

起点：经办员

1. 经办员将费用报销单、包工费收据交出纳办理结算。

2. 出纳填制支票付款申请单，连同费用报销单、收据交会计主管审批。

3. 出纳根据审批后的支票付款申请单签发转账支票，并登记支票登记簿。

4. 制单会计根据费用报销单、费用收据和支票存根编制记账凭证。

5. 会计主管审核记账凭证。

6. 出纳根据记账凭证登记银行存款日记账。

7. 记账会计根据记账凭证登记有关明细账。

业务 51

16 日，以现金购入印花税票 344 元。

起点：税务

1. 税务将印花税凭证交出纳，出纳付出现金后在费用凭证上加盖"现金付讫"章。

2. 制单会计根据费用凭证编制记账凭证。

3. 会计主管审核记账凭证。

4. 出纳根据记账凭证登记现金日记账。

5. 记账会计根据记账凭证登记有关明细账。

业务 52

16 日，签发现金支票一张，提取现金 1 000 元，预付办公室王芳差旅费。

起点：经办员

1. 经办员将填制的借款单交出纳办理借款。

2. 出纳填写支票付款申请单，连同借款单交会计主管审批。

3. 出纳根据审批后的支票付款申请单签发现金支票，到银行提回现金交借款人，并登记支票登记簿。

4. 制单会计根据借款单、支票存根编制记账凭证。

5. 会计主管审核记账凭证。

6. 出纳根据记账凭证登记银行存款日记账。

7. 记账会计根据记账凭证登记有关明细账。

业务 53

17日，出售管理部门不需用的设备1台，售价38 025元。

起点1：经办员

1. 经办员将开具专用发票申请单、固定资产清理单等凭证交会计主管审核，会计主管开出专用发票，分票后将其中的记账联等凭证交制单会计。

2. 经办员将收取的转账支票交出纳，出纳填制进账单，将支票送存银行；然后将进账单回单转制单会计。

3. 制单会计进行票单核对，无误后编制有关记账凭证。

4. 会计主管审核有关记账凭证。

5. 出纳根据记账凭证登记银行存款日记账。

6. 记账会计根据记账凭证登记有关明细账。

起点2：记账会计

1. 记账会计根据固定资产清理明细账的目前余额编制内部转账单，交制单会计编制记账凭证。

2. 制单会计根据内部转账单编制记账凭证。

3. 会计主管审核有关记账凭证。

4. 记账会计根据记账凭证登记有关明细账。

业务 54

17日，以支票支付本月电费。

起点：经办员

1. 经办员将费用报销单、专用发票交出纳办理结算。

2. 出纳填制支票付款申请单，连同专用发票交会计主管审批。

3. 出纳根据审批的支票付款申请单签发转账支票，并登记支票登记簿。

4. 制单会计根据专用发票（发票联）和支票存根编制记账凭证。

5. 会计主管审核记账凭证。

6. 出纳根据记账凭证登记银行存款日记账。

7. 记账会计根据记账凭证登记有关明细账。

业务 55

18日，销售科江军报销差旅费2 285元，并补付现金285元。

起点：经办员

1. 报销人填制差旅费报销单，交会计主管审批。

2. 出纳根据审批后的报销单及附件办理报销业务，并在报销单上加盖"现金付讫"章。

3. 制单会计根据报销单编制记账凭证。

4. 会计主管审核记账凭证。

5. 出纳根据记账凭证登记现金日记账。

6. 记账会计根据记账凭证登记有关明细账。

业务 56

18 日，购入电烤箱 1 台，计 6 000 元，交职工食堂使用。

起点：经办员

1. 经办员将发票交出纳办理结算。

2. 出纳填制支票付款申请单，连同发票交会计主管审批。

3. 出纳根据审批的支票付款申请单签发转账支票，并登记支票登记簿，留支票存根转制单会计。

4. 经办员将固定资产验收单交制单会计。

5. 制单会计进行票单核对，无误后编制记账凭证。

6. 会计主管审核记账凭证。

7. 出纳根据记账凭证登记银行存款日记账。

8. 记账会计根据记账凭证登记有关明细账。

业务 57

19 日，出售给丰南机械制造厂铝铸件 6 吨，不含税价每吨 18 000 元，收回部分款项，送存银行，其余款项暂欠。

起点：经办员

1. 经办员将开具专用发票申请单交会计主管，会计主管开具专用发票，分票后将其中的记账联转制单会计。

2. 经办员将收取的银行本票交出纳；出纳填制进账单，将支票送存银行，然后将进账单的回单联转制单会计。

3. 经办员将出库单交制单会计；制单会计进行票单核对，无误后编制记账凭证。

4. 会计主管审核记账凭证。

5. 出纳根据记账凭证登记银行存款日记账。

6. 记账会计根据记账凭证登记有关明细账。

业务 58

19 日，以支票支付水费。

起点：经办员

1. 经办员将费用报销单、专用发票交出纳办理结算。

2. 出纳填制支票付款申请单，连同专用发票交会计主管审批。

3. 出纳根据审批后的支票付款申请单签发转账支票，并登记支票登记簿，留支票存根转制单会计。

4. 制单会计根据专用发票（发票联）和支票存根编制记账凭证。

5. 会计主管审核记账凭证。

6. 出纳根据记账凭证登记银行存款日记账。

7. 记账会计根据记账凭证登记有关明细账。

业务 59

20 日，委托四通公司销售的空压机，现转来代销清单，已销空压机 350 台，扣除代销手续费，将实收货款送存银行（每台成本 158 元，计 55 300 元）。

起点：经办员

1. 经办员将开具专用发票申请单、商品销售清单、普通发票交会计主管审核，会计主管开具专用发票，分票后将其中的记账联等凭证转交制单会计。

2. 经办员将收取的银行本票、转账支票交出纳；出纳填制进账单，将本票、支票送存银行，然后将进账单的回单联交制单会计。

3. 制单会计进行票单核对，无误后编制记账凭证。

4. 会计主管审核记账凭证。

5. 出纳根据记账凭证登记银行存款日记账。

6. 记账会计根据记账凭证登记有关明细账。

业务 60

20 日，上交市总工会工会经费 1 465.60 元。

起点：银行

1. 出纳从银行取回工会经费缴款书交制单会计。

2. 制单会计根据缴款书编制记账凭证。

3. 会计主管审核记账凭证。

4. 出纳根据记账凭证登记银行存款日记账。

5. 记账会计根据记账凭证登记明细账。

业务 61

21 日，以现金支付金工车间图纸复印费 48 元。

起点：经办员

1. 经办员将费用报销单、费用发票交会计主管审批。

2. 出纳根据审批的费用凭证付出现金，并在费用凭证上加盖"现金付讫"章。

3. 制单会计根据费用凭证编制记账凭证。

4. 会计主管审核记账凭证。

5. 出纳根据记账凭证登记现金日记账。

6. 记账会计根据记账凭证登记有关明细账。

业务 62

23 日，收取职工因违章操作罚款 200 元。

起点：会计主管

1. 会计主管将罚款通知单交出纳，出纳据此收取职工交来的罚款并填写收据。

2. 制单会计根据罚款通知单、收款收据编制记账凭证。

3. 会计主管审核记账凭证。

4. 出纳根据记账凭证登记现金日记账。

5. 记账会计根据记账凭证登记明细账。

业务 63

24 日，以转账支票支付排污费 1 200 元。

起点：经办员

1. 经办员将收费凭证交出纳办理结算。

2. 出纳填制支票付款申请单，连同收费凭证交会计主管审批。

3. 出纳根据审批后的支票付款申请单签发转账支票，并登记支票登记簿。

4. 制单会计根据收费凭证和支票存根编制记账凭证。

5. 会计主管审核记账凭证。

6. 出纳根据记账凭证登记银行存款日记账。

7. 记账会计根据记账凭证登记有关明细账。

业务 64

25 日，支付第四季度银行借款利息 22 000 元，季前两个月预提 9 500 元。

起点：银行

1. 出纳从银行取回利息传票交制单会计。

2. 制单会计与记账会计核对后编制记账凭证。

3. 会计主管审核记账凭证。

4. 出纳根据记账凭证登记银行存款日记账。

5. 记账会计根据记账凭证登记明细账。

业务 65

25 日，支付职工丧葬抚恤金 1 500 元。

起点：经办员

1. 经办员将补助申请单交出纳；出纳填写支票付款申请单，交会计主管审批。

2. 出纳根据审批后的支票付款申请单签发现金支票，从银行提取现金并发放，并登记支票登记簿。

3. 制单会计根据补助申请单、支票存根编制记账凭证。

4. 会计主管审核记账凭证。

5. 出纳根据记账凭证登记银行存款日记账。

6. 记账会计根据记账凭证登记有关明细账。

业务 66

26 日，应付首钢的货款 19 400 元转为承兑汇票形式延期支付。

起点：银行

1. 出纳按照开户银行要求，携带身份证明、财务专用章、法人章等相关资料到开户银行申请办理银行承兑汇票。银行退给银行承兑汇票第二联、第三联（存根）和承兑协议一份。实训中略去办理程序，由出纳直接从银行取回相关凭证交制单会计。

2. 制单会计根据审核后的原始凭证填制记账凭证。

3. 会计主管审核记账凭证。

4. 记账会计根据记账凭证登记明细账。

业务 67

27 日，预付下年度财产保险费 65 000 元。

起点：经办员

1. 经办员将专用发票交出纳办理结算。

2. 出纳填制支票付款申请单，连同发票交会计主管审批。

3. 出纳根据审批后的支票付款申请单签发转账支票，并登记支票登记簿。

4. 制单会计根据保险业发票和支票存根编制记账凭证。

5. 会计主管审核记账凭证。

6. 出纳根据记账凭证登记银行存款日记账。

7. 记账会计根据记账凭证登记有关明细账。

业务 68

28 日，结转报废固定资产净损失 2 800 元。

起点：记账会计

1. 记账会计将填制的内部转账单交制单会计。

2. 制单会计根据内部转账单编制记账凭证。

3. 会计主管审核记账凭证。

4. 记账会计根据记账凭证登记明细账。

业务 69

29 日，收银行存款利息 1 830.40 元。

起点：银行

1. 出纳从银行取回利息传票交制单会计。

2. 制单会计结合记账会计根据利息传票编制记账凭证。

3. 会计主管审核记账凭证。

4. 出纳根据记账凭证登记银行存款日记账。

5. 记账会计根据记账凭证登记明细账。

业务 70

30 日，结转入库材料成本差异。

起点：记账会计

1. 记账会计根据材料采购明细账记录填写入库材料成本差异汇总表，然后转制单会计。
2. 制单会计根据差异汇总表编制记账凭证。
3. 会计主管审核记账凭证。
4. 记账会计根据记账凭证登记明细账，并计算本月材料成本差异率，记入账内。

业务 71

31 日，期末财产清查，材料盘亏 215 元，均系定额内损耗。

起点：记账会计

1. 记账会计根据财产清查结果进行账实核对，填写材料盘亏报告单并传制单会计。
2. 制单会计根据材料盘亏报告单编制记账凭证。
3. 会计主管审核记账凭证。
4. 记账会计根据记账凭证登记明细账。

业务 72

31 日，转出未交增值税。

起点：记账会计

1. 记账会计根据应交增值税明细账填写未交增值税结转表和增值税纳税申报表，并传制单会计。
2. 制单会计根据结转表编制记账凭证。
3. 会计主管审核记账凭证。
4. 记账会计根据记账凭证登记明细账。

业务 73

31 日，本年 1 月 1 日发行企业债券，面值 200 000 元，期限为 3 年，年利率为 9%，市场利率为 8%，利息调整为 5 147.80 元。计算得出本年利息调整 1 588.18 元和第一年 12 月份相关数字。

起点：记账会计

1. 记账会计填写应付债券利息计算表并传制单会计。
2. 制单会计根据计算表编制记账凭证。
3. 会计主管审核记账凭证。
4. 记账会计根据记账凭证登记明细账。

业务 74

31 日，按照定额耗用量分配水费。

起点：记账会计

1. 记账会计填写水费分配表并传制单会计。

2. 制单会计根据水费分配表编制记账凭证。

3. 会计主管审核记账凭证。

4. 记账会计根据记账凭证登记明细账。

业务 75

31 日，按照定额耗用量分配电费。

起点：记账会计

1. 记账会计填写电费分配表并传制单会计。

2. 制单会计根据电费分配表编制记账凭证。

3. 会计主管审核记账凭证。

4. 记账会计根据记账凭证登记明细账。

业务 76

31 日，分配本月负担的暖气费。

起点：记账会计

1. 记账会计填写暖气费分配表并传制单会计。

2. 制单会计根据暖气费分配表编制记账凭证。

3. 会计主管审核记账凭证。

4. 记账会计根据记账凭证登记明细账。

业务 77

31 日，分配材料费用。

起点：记账会计

1. 记账会计根据领料单填写材料耗用汇总表并传制单会计。

2. 制单会计根据材料耗用汇总表编制记账凭证。

3. 会计主管审核记账凭证。

4. 记账会计根据记账凭证登记明细账。

业务 78

31 日，计算固定资产折旧。

起点：记账会计

1. 记账会计填写固定资产折旧计算表并传制单会计。

2. 制单会计根据折旧计算表编制记账凭证。

3. 会计主管审核记账凭证。

4. 记账会计根据记账凭证登记明细账。

业务 79

31 日，分配工资费用。

起点：记账会计

1. 记账会计填写费用分配表并传制单会计。
2. 制单会计根据费用分配表编制记账凭证。
3. 会计主管审核记账凭证。
4. 记账会计根据记账凭证登记明细账。

业务 80

31 日，计提职工福利。

起点：记账会计

1. 记账会计填写费用分配表并传制单会计。
2. 制单会计根据费用分配表编制记账凭证。
3. 会计主管审核记账凭证。
4. 记账会计根据记账凭证登记明细账。

业务 81

31 日，计提"三险一金"。

起点：记账会计

1. 记账会计填写三险一金计算表和缴费申报表并传制单会计。
2. 制单会计根据三险一金计算表编制记账凭证。
3. 会计主管审核记账凭证。
4. 记账会计根据记账凭证登记明细账。

业务 82

31 日，计提工会经费和职工教育经费。

起点：记账会计

1. 记账会计填写两经费计算表并传制单会计。
2. 制单会计根据经费计算表编制记账凭证。
3. 会计主管审核记账凭证。
4. 记账会计根据记账凭证登记明细账。

业务 83

31 日，摊销低值易耗品。

起点：记账会计

1. 记账会计填写低值易耗品摊销计算表并传制单会计。
2. 制单会计根据低值易耗品摊销计算表编制记账凭证。
3. 会计主管审核记账凭证。
4. 记账会计根据记账凭证登记明细账。

业务 84

31 日，计算交易性金融资产公允价值变动损益。

起点：记账会计

1. 记账会计填写公允价值变动表并传制单会计。

2. 制单会计根据公允价值变动表编制记账凭证。

3. 会计主管审核记账凭证。

4. 记账会计根据记账凭证登记明细账。

业务 85

31 日，计提坏账准备。

起点：记账会计

1. 记账会计填写坏账准备提取计算表并传制单会计。

2. 制单会计根据坏账准备提取计算表编制记账凭证。

3. 会计主管审核记账凭证。

4. 记账会计根据记账凭证登记明细账。

业务 86

31 日，摊销无形资产。

起点：记账会计

1. 记账会计填写无形资产摊销计算表并传制单会计。

2. 制单会计根据无形资产摊销计算表编制记账凭证。

3. 会计主管审核记账凭证。

4. 记账会计根据记账凭证登记明细账。

业务 87

31 日，分配辅助生产费用。

起点：记账会计

1. 记账会计填写费用分配表并传制单会计。

2. 制单会计根据费用分配表编制记账凭证。

3. 会计主管审核记账凭证。

4. 记账会计根据记账凭证登记明细账。

业务 88

31 日，分配制造费用。

起点：记账会计

1. 记账会计填写费用分配表并传制单会计。

2. 制单会计根据费用分配表编制记账凭证。

3. 会计主管审核记账凭证。

4. 记账会计根据记账凭证登记明细账。

业务 89

31 日，计算、结转铸造车间完工产品成本。

起点：记账会计

1. 记账会计填写成本计算单并传制单会计。
2. 制单会计根据成本计算单编制记账凭证。
3. 会计主管审核记账凭证。
4. 记账会计根据记账凭证登记明细账。

业务 90

31 日，计算并结转金工车间领用半成品生产成本。
起点：记账会计

1. 记账会计填写成本计算单并传制单会计；
2. 制单会计根据成本计算单编制记账凭证。
3. 会计主管审核记账凭证。
4. 记账会计根据记账凭证登记明细账。

业务 91

31 日，计算、结转金工车间完工产品成本。
起点：记账会计

1. 记账会计填写成本计算单并传制单会计。
2. 制单会计根据成本计算单编制记账凭证。
3. 会计主管审核记账凭证。
4. 记账会计根据记账凭证登记明细账。

业务 92

31 日，计算装配车间完工产品成本。
起点：记账会计

1. 记账会计填写成本计算单并传制单会计。
2. 制单会计根据成本计算单编制记账凭证。
3. 会计主管审核记账凭证。
4. 记账会计根据记账凭证登记明细账。

业务 93

31 日，计算、结转本月已销产品成本。
起点：记账会计

1. 记账会计填写销售成本计算单并传制单会计。
2. 制单会计根据销售成本计算单编制记账凭证。
3. 会计主管审核记账凭证。
4. 记账会计根据记账凭证登记明细账。

业务 94

31 日，计提城建税和教育费附加。

起点：记账会计

1. 记账会计填写城建税计算单和纳税申报表并传制单会计。

2. 制单会计根据城建税计算单编制记账凭证。

3. 会计主管审核记账凭证。

4. 记账会计根据记账凭证登记明细账。

业务 95

31 日，结转损益类账户发生额。

起点：记账会计

1. 记账会计填写内部转账单并传制单会计。

2. 制单会计根据内部转账单编制记账凭证。

3. 会计主管审核记账凭证。

4. 记账会计根据记账凭证登记明细账。

业务 96

31 日，计算本月所得税费用。

起点：记账会计

1. 记账会计填写所得税计算表和纳税申报表并传制单会计。

2. 制单会计根据所得税计算表编制记账凭证。

3. 会计主管审核记账凭证。

4. 记账会计根据记账凭证登记明细账。

业务 97

31 日，将所得税费用结转到本年利润账户。

起点：记账会计

1. 记账会计填写所得税费用结账表并传制单会计。

2. 制单会计根据所得税费用结账表编制记账凭证。

3. 会计主管审核记账凭证。

4. 记账会计根据记账凭证登记明细账。

业务 98

31 日，计提法定盈余公积和公益金。

起点：记账会计

1. 记账会计填写盈余公积提取计算表并传制单会计。

2. 制单会计根据盈余公积提取计算表编制记账凭证。

3. 会计主管审核记账凭证。

4. 记账会计根据记账凭证登记明细账。

业务 99

31 日，向投资者分配利润。

起点：记账会计

1. 记账会计填写向投资者分配利润计算表并传制单会计。

2. 制单会计根据向投资者分配利润计算表编制记账凭证。

3. 会计主管审核记账凭证。

4. 记账会计根据记账凭证登记明细账。

业务 100

31 日，年终对全年净利润和利润分配进行清算。

起点：记账会计

1. 记账会计填写计算表并传制单会计。

2. 制单会计根据计算表编制记账凭证。

3. 会计主管审核记账凭证。

4. 记账会计根据记账凭证登记明细账。

学习情境九　纳税申报指导

9.1　增值税纳税申报（一般纳税人）

一、税款申报流程

上门申报流程为：申报受理→ IC 卡报税→票表比对→ IC 卡清零解锁。

网上申报流程为：网上传送申报数据→网上划缴税款→申报数据导入→ IC 卡报税→票表比对→IC 卡清零解锁。

二、增值税申报需携带资料

一般纳税人进行增值税纳税申报，应报送以下资料：

1. 增值税纳税申报表及其两张附表［增值税（专用＼普通）发票使用明细表、增值税（专用发票＼收购凭证＼运输发票）抵扣明细表］和固定资产进项税额抵扣情况表及其他税务机关要求报送的资料。

2. 会计报表：资产负债表和利润表。

三、《增值税纳税申报表（适用于一般纳税人）》填表说明

1. 本表"税款所属时间"是指纳税人申报的增值税应纳税额的所属时间，应填写具体的起止年、月、日。

2. 本表"填表日期"指纳税人填写本表的具体日期。

3. 本表"纳税人识别号"栏，填写税务机关为纳税人确定的识别号，即税务登记证号码。

4. 本表"所属行业"栏，按照国民经济行业分类与代码中的最细项（小类）进行填写。模拟企业属于制造业，小类代码为3542。

5. 本表"纳税人名称"栏，填写纳税人单位名称全称，不得填写简称。

6. 本表"法定代表人姓名"栏，填写纳税人法定代表人的姓名。

7. 本表"注册地址"栏，填写纳税人税务登记证所注明的详细地址。

8. 本表"营业地址"栏，填写纳税人营业地的详细地址。

9. 本表"开户银行及账号"栏，填写纳税人开户银行的名称和纳税人在该银行的结算账户号码。

10. 本表"企业登记注册类型"栏，按税务登记证填写。

11. 本表"电话号码"栏，填写纳税人注册地和经营地的电话号码。

12. 表中"一般货物及劳务"是指享受即征即退的货物及劳务以外的其他货物及劳务。

13. 表中"即征即退货物及劳务"是指纳税人按照税法规定享受即征即退税收优惠政策的货物及劳务。

14. 本表第1项"（一）按适用税率征税货物及劳务销售额"栏数据，填写纳税人本期按适用税率缴纳增值税的应税货物和应税劳务的销售额（销货退回的销售额用负数表示）。包括在财务上不作销售但按税法规定应缴纳增值税的视同销售货物和价外费用销售额。

15. 本表第2项"应税货物销售额"栏数据，填写纳税人本期按适用税率缴纳增值税的应税货物的销售额（销货退回的销售额用负数表示）。包括在财务上不作销售但按税法规定应缴纳增值税的视同销售货物和价外费用销售额。

16. 本表第3项"应税劳务销售额"栏数据，填写纳税人本期按适用税率缴纳增值税的应税劳务的销售额。

17. 本表第4项"纳税检查调整的销售额"栏数据，填写纳税人本期因税务、财政、审计部门检查，并按适用税率计算调整的应税货物和应税劳务的销售额。但享受即征即退税收优惠政策的货物及劳务经税务稽查发现偷税的，不得填入"即征即退货物及劳务"部分，而应将本部分销售额在"一般货物及劳务"栏中反映。

18. 本表第11项"销项税额"栏数据，填写纳税人本期按适用税率计征的销项税额。该数据应与"应交税金—应交增值税"明细科目贷方"销项税额"专栏本期发生数一致。

19. 本表第12项"进项税额"栏数据，填写纳税人本期申报抵扣的进项税额。该数据应与"应交税金 — 应交增值税"明细科目借方"进项税额"专栏本期发生数一致。

20. 本表第13项"上期留抵税额"栏数据，为纳税人前一申报期的"期末留抵税额"数，该数据应与"应交税金—应交增值税"明细科目借方月初余额一致。

22. 本表第14项"进项税额转出"栏数据，填写纳税人已经抵扣但按税法规定应作进项税转出的进项税额总数，但不包括销售折扣、折让，销货退回等应负数冲减当期进项税额的数额。该数据应与"应交税金—应交增值税"明细科目贷方"进项税额转出"专栏本期发生数一致。

23. 本表第15项"免、抵、退货物应退税额"栏数据，填写退税机关按照出口货物免、抵、退办法审批的应退税额。"本年累计"栏数据，应为年度内各月数之和。

24. 本表第16项"按适用税率计算的纳税检查应补缴税额"栏数据，填写税务、财政、审计部门检查按适用税率计算的纳税检查应补缴税额。"本年累计"栏数据，应为年度内各月数之和。

25. 本表第17项"应抵扣税额合计"栏数据，填写纳税人本期应抵扣进项税额的合计数。

26. 本表第18项"实际抵扣税额"栏数据，填写纳税人本期实际抵扣的进项税额。"本年累计"栏数据，应为年度内各月数之和。

27. 本表第19项"按适用税率计算的应纳税额"栏数据，填写纳税人本期按适用税率计算并应缴纳的增值税额。"本年累计"栏数据，应为年度内各月数之和。

28. 本表第20项"期末留抵税额"栏数据，为纳税人在本期销项税额中尚未抵扣完，留待下期继续抵扣的进项税额。该数据应与"应交税金——应交增值税"明细科目借方月末余额一致。

29. 本表第 23 项"应纳税额减征额"栏数据，填写纳税人本期按照税法规定减征的增值税应纳税额。"本年累计"栏数据，应为年度内各月数之和。

30. 本表第 24 项"应纳税额合计"栏数据，填写纳税人本期应缴增值税的合计数。"本年累计"栏数据，应为年度内各月数之和。

31. 本表第 25 项"期初未缴税额（多缴为负数）"栏数据，为纳税人前一申报期的"期末未缴税额（多缴为负数）"。

32. 本表第 27 项"本期已缴税额"栏数据，是指纳税人本期实际缴纳的增值税额，但不包括本期入库的查补税款。"本年累计"栏数据，为年度内各月数之和。

33. 本表第 28 项"①分次预缴税额"栏数据，填写纳税人本期分次预缴的增值税额。

34. 本表第 30 项"③本期缴纳上期应纳税额"栏数据，填写纳税人本期上缴上期应缴未缴的增值税款，包括缴纳上期按简易征收办法计提的应缴未缴的增值税额。"本年累计"栏数据，为年度内各月数之和。

35. 本表第 31 项"④本期缴纳欠缴税额"栏数据，填写纳税人本期实际缴纳的增值税欠税额，但不包括缴纳入库的查补增值税额。"本年累计"栏数据，为年度内各月数之和。

36. 本表第 32 项"期末未交税额（多缴为负数）"栏数据，为纳税人本期期末应缴未缴的增值税额，但不包括纳税检查应缴未缴的税额。"本年累计"栏与"本月数"栏数据相同。

37. 本表第 33 项"其中：欠缴税额（≥0）"栏数据，为纳税人按照税法规定已形成欠税的数额。

38. 本表第 34 项"本期应补（退）税额"栏数据，为纳税人本期应纳税额中应补缴或应退回的数额。

39. 本表第 35 项"即征即退实际退税额"栏数据，填写纳税人本期因符合增值税即征即退优惠政策规定，而实际收到的税务机关返还的增值税额。"本年累计"栏数据，为年度内各月数之和。

40. 本表第 36 项"期初未缴查补税额"栏数据，为纳税人前一申报期的"期末未缴查补税额"。该数据与本表第 25 项"期初未缴税额（多缴为负数）"栏数据之和，应与"应交税金—未交增值税"明细科目期初余额一致。"本年累计"栏数据应填写纳税人上年度末的"期末未缴查补税额"数。

41. 本表第 37 项"本期入库查补税额"栏数据，填写纳税人本期因税务、财政、审计部门检查而实际入库的增值税款，包括：①按适用税率计算并实际缴纳的查补增值税款；②按简易征收办法计算并实际缴纳的查补增值税款。"本年累计"栏数据，为年度内各月数之和。

42. 本表第 38 项"期末未缴查补税额"栏数据，为纳税人纳税检查本期期末应缴未缴的增值税额。该数据与本表第 32 项"期末未缴税额（多缴为负数）"栏数据之和，应与"应交税金—未交增值税"明细科目期初余额一致。"本年累计"栏与"本月数"栏数据相同。

9.2 企业所得税的纳税申报

一、确定征税方式

企业在每年第一季度应填列"企业所得税征收方式鉴定表",报税务机关审核。根据纳税人情况分为查账方式征收、定额征收和核定应税所得率办法征收,征收方式一经确定,一般在一个年度内不得变更。

二、纳税申报办法

企业所得税实行按年计算,按月或季预缴,年终汇算清缴,多退少补的征收办法。

1. 预缴税款。企业应当自月份或者季度终了之日起十五日内,向税务机关报送预缴企业所得税纳税申报表。查账征收企业在月或季预缴企业所得税时,应填制"企业所得税预缴纳税申报表(A类)"。实行核定征收管理办法的企业,填制"企业所得税预缴纳税申报表(B类)"。

2. 年终汇算清缴。查账征收企业应当自年度终了之日起五个月内,向税务机关报送年度企业所得税纳税申报表及其有关附表,并汇算清缴,结清应缴应退税款。

企业在报送企业所得税纳税申报表时,应当按照规定附送财务会计报告和其他有关资料。

三、企业所得税年度申报流程

企业所得税年度申报流程如图9-1所示。

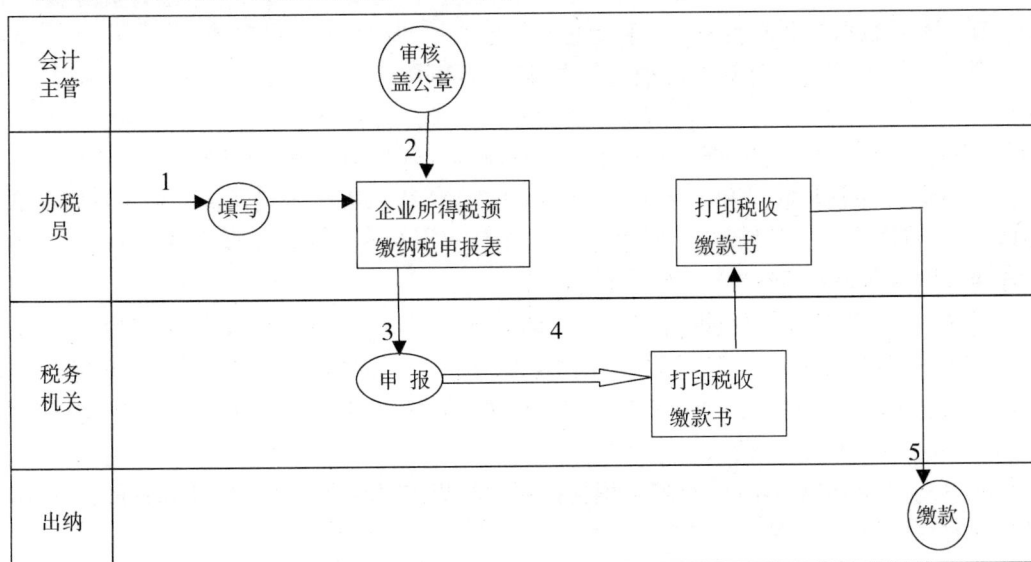

图9-1 企业所得税年度申报流程

四、企业所得税预缴纳税申报表填报说明

（一）表头项目

1. "税款所属期间"：为税款所属期月（季）度第一日至所属期月（季）度最后一日。年度中间开业的纳税人，"税款所属期间"为当月（季）开始经营之日至所属月（季）度的最后一日。次月（季）度起按正常情况填报。

2. "纳税人识别号"：填报税务机关核发的税务登记证号码（15位）。

3. "纳税人名称"：填报税务机关核发的税务登记证记载的纳税人全称。

（二）各列次的填报

由于模拟企业是按照实际利润额预缴税款的纳税人，因此需填报第2行至第17行。

其中：第2行至第17行的"本期金额"列，填报所属月（季）度第一日至最后一日的数据；第2行至第17行的"累计金额"列，填报所属年度1月1日至所属月（季）度最后一日的累计数额。

本表第二部分系按照上一纳税年度应纳税所得额平均额计算预缴税款的纳税人需要填报，因此，第19行至第24行不再填列。

本表第三部分系按照税务机关确定的其他方法预缴的纳税人需要填报。

（三）具体项目填报说明

1. 第2行"营业收入"：填报按照企业会计制度、企业会计准则等国家会计规定核算的营业收入。本行主要列示纳税人营业收入数额，不参与计算。

2. 第3行"营业成本"：填报按照企业会计制度、企业会计准则等国家会计规定核算的营业成本。本行主要列示纳税人营业成本数额，不参与计算。

3. 第4行"利润总额"：填报按照企业会计制度、企业会计准则等国家会计规定核算的利润总额。本行数据与利润表列示的利润总额一致。

4. 第5行"特定业务计算的应纳税所得额"：从事房地产开发等特定业务的纳税人，填报按照税收规定计算的特定业务的应纳税所得额。房地产开发企业销售未完工开发产品取得的预售收入，按照税收规定的预计计税毛利率计算的预计毛利额填入此行。

5. 第6行"不征税收入和税基减免应纳税所得额"：填报属于税法规定的不征税收入、免税收入、减计收入、所得减免、抵扣应纳税所得额等金额。本行按照《不征税收入和税基类减免应纳税所得额明细表》（附表1）填报。

6. 第7行"固定资产加速折旧（扣除）调减额"：填报按照《财政部 国家税务总局关于完善固定资产加速折旧企业所得税政策的通知》（财税〔2014〕75号）等相关规定，固定资产税收上采取加速折旧，会计上未加速折旧的纳税调整情况。本行按照《固定资产加速折旧（扣除）明细表》（附表2）填报。

7. 第8行"弥补以前年度亏损"：填报按照税收规定可在企业所得税前弥补的以前年度尚未弥补的亏损额。

8. 第9行"实际利润额"：按照本表相关行次计算结果填报。第9行＝4行+5行-6行-7行-8行。

9. 第10行"税率（25%）"：填报企业所得税法的规定税率25%。

10. 第11行"应纳所得税额"：根据相关行次计算结果填报。第11行=9行×10行，且11行≥0。跨地区经营汇总纳税企业总机构和分支机构适用不同税率时，第11行≠9行×10行。

11. 第12行"减免所得税额"：填报按照税收规定，当期实际享受的减免所得税额。本行通过《减免所得税额明细表》（附表3）填报。

12. 第13行"实际已预缴所得税额"：填报纳税人本年度此前月份、季度累计已经预缴的企业所得税额，"本期金额"列不填写。

13. 第14行"特定业务预缴（征）所得税额"：填报按照税收规定的特定业务已经预缴（征）的所得税额。建筑企业总机构直接管理的跨地区设立的项目部，按规定向项目所在地主管税务机关预缴的企业所得税填入此行。

14. 第15行"应补（退）所得税额"：根据本表相关行次计算填报。第15行"累计金额"列=11行-12行-13行-14行，且第15行≤0时，填0；"本期金额"列不填。

15. 第16行"减：以前年度多缴在本期抵缴所得税额"：填报以前年度多缴的企业所得税税款未办理退税，在本纳税年度抵缴的所得税额。

16. 第17行"本月（季）实际应补（退）所得税额"：根据相关行次计算填报。第17行"累计金额"列=15行-16行，且第17行≤0时，填0，"本期金额"列不填。

（四）"是否属于小型微利企业"填报

1. 纳税人上一纳税年度汇算清缴符合小型微利企业条件的，本年预缴时，选择"是"；预缴累计会计利润不符合小微企业条件的，选择"否"。

本栏次为必填项目，不符合小型微利企业条件的，选择"否"，模拟企业不符合微利企业条件，因此选择"否"。

（五）表内关系

1. 第9行=4行+5行-6行-7行-8行。

2. 第11行=9行×10行。当汇总纳税企业的总机构和分支机构适用不同税率时，第11行≠9行×10行。

3. 第15行=11行-12行-13行-14行，且第15行≤0时，填0。

4. 第17行=15行-16行，且第17行≤0时，填0。

学习情境十 会计档案整理指导

会计档案是一种重要的经济档案。它是经济活动的历史记录，是检查各种经济责任的重要依据，是总结经营管理经验的重要史料。会计档案的整理和保管是会计工作的内容之一，是会计实务中的一项经常性工作。

整理是会计档案管理的重要环节，是保存、利用会计档案的前提。会计档案整理就是将会计凭证、会计账簿、会计报表等会计核算专业资料分门别类、规范装订、按序编号。

10.1 会计档案归档范围

1. 会计凭证。主要指原始凭证、记账凭证、汇总凭证、银行存款余额调节表。

2. 会计账簿。主要指现金、银行存款日记账，各种明细账，总账，固定资产卡片，辅助账簿及外事的会计账簿。

3. 财务报表。主要指财务指标快报，月、季会计报表，年度会计报表及文字说明，职工开支花名表。

4. 其他会计文件材料。主要指会计移交清册、会计档案保管清册、会计档案销毁清册，银行对账单及其他应当保存的会计专业资料。

10.2 会计凭证的组卷

手工会计凭证及纸质电算化凭证的组卷均按如下步骤进行：

1. 排序检查。会计凭证在记账、汇总、审核等传递过程中可能产生颠倒凭证号、缺少凭证等情况。因此，在凭证整理前应将凭证按日期、编号排列，检查各顺序号的凭证是否齐全或颠倒、附件是否漏缺。缺少凭证或附件要找回；凭证颠倒要重新排列；破损票据应修补，残缺处如有重要内容，应查清补齐或在空白处说明并签章；虚线连接的票据应裁开；检查中发现的重要情况应另纸说明，作为附件放在该凭证之后。

2. 拆金属物。会计凭证中的订书钉、大头针、回形针等金属物易发生氧化，影响会计凭证的保管，应拆除。

3. 折叠接边。通过对会计凭证的整理，原始凭证应比记账凭证略小，原始凭证要折叠整齐，最好能翻过上一号的记账凭证，就能看到下一号记账凭证的上边和右边。具体要求是：

第一，对于纸张面积大于记账凭证的原始凭证，可按记账凭证的面积尺寸，一般采取先自右向后，再自下向后再次折叠。注意应把凭证的左上角或左侧面让出来，以便装订后，还可以展开查阅。如果装订线内有文字，可采取接边或抄移的方法。

第二，对于纸张面积略小于记账凭证的原始凭证，可采取两种方法。一是直接装订法，即先用回形针或大头针将原始凭证别在记账凭证后面，待装订整本凭证后，抽去回形针或大头针；二是对原始凭证接边法，即用大小适当的毛边纸，将其用粘胶剂贴在原始凭证上，然后再对整本凭证进行装订。

第三，对于纸张面积过小的原始凭证，一般不能直接装订，可先将原始凭证按一定类别排列，再将其贴在一张比记账凭证略小的白纸或粘贴单上。如果是板状票证（如以前的火车票），可以将票面票底轻轻撕开，丢弃厚纸板，粘贴薄票面。

第四，对于面积大且数量多的原始凭证，如人数较多的职工工资单、社保单、收款收据等，这类凭证可单独装订，但应在记账凭证上注明保管地点或编号。

4. 组合案卷。会计凭证按记账凭证（后附原始凭证）的顺序（即凭证分类后的时间顺序），根据凭证数量的多少组合为若干卷（本），按照多则分、少则合的案卷组合方法（一般每卷 1.5~2.5 厘米为宜），按日、旬、月组合成若干卷。

5. 装订凭证。装订会计凭证的部位一般在凭证的左上角，有的地方规定在左侧装订。装订的方式有两孔一线和三孔一线装订法。在侧面装订的一般用三孔一线装订法，在左上角装订的一般用两孔一线装订法。装订的方法如下。

方法一：左上角装订法。要求每本凭证的左、上侧对齐，左上角的两条边要直，无毛边，呈直角。其一是有凭证封面的凭证装订法。在左上角部位用手电钻等打孔工具钻开两个针孔，在针孔中穿线后打结。装订凭证应使用棉线，结扣应是活的，结头在凭证背面，棉线在凭证过去封皮的里面。其二是无凭证封面的凭证装订法。首先用牛皮纸包住凭证的左上角；然后在牛皮纸上打两个针孔，穿线后实行两孔一线打活结；最后由装订人在牛皮纸上盖章。

方法二：左侧装订法。将一本凭证的左侧、下侧对齐后，用钢夹等工具固定这本凭证后，在凭证的左侧钻开三个等距孔，穿线后实行三孔一线打活结，再贴上凭证封面。

6. 填写封面。凭证外面一般要有封面，封面纸用牛皮纸印制，封面规格略大于所附记账凭证。每本封面上填写好立档单位、凭证名称、起止日期、册数、记账凭证号、财会主管（签章）、经办会计（签章）、保管期限等项目。需永久保存的会计凭证应在案卷备考表、案卷封面空白处，注明凭证编号、内容摘要，以防会计档案鉴定销毁时将其销毁。

10.3　会计账簿的组卷

同一会计年度内会计账簿按账簿种类组卷，一般一本账为一卷，同时应针对账簿的不同情况作如下处理。

1. 活页账簿的组卷。对会计电算化打印出的账簿与手工材料明细账、内部往来账、固定资产分户账等活页账簿，应针对不同情况进行如下处理：

（1）手工活页账簿应去除空白页、撤掉账夹等固定物品，保留有内容的账页，将其账页数填写齐全。纸质账簿应用牛皮纸做封面和封底，将其装订成册。装订的会计账簿应牢固、平整，不得有错页、掉页、空白纸及折角、缺角等情况。

（2）把同类业务的账页装订在一起。多栏式活页账、三栏式活页账、数量金额式活账等不得混装。

（3）填写封面。在账簿封面上填写账目的种类，会计主管人员和装订人（经办人）签章。

2. 固定账簿的组卷。手工的现金日记账、银行日记账等常作固定账。固定账不拆去空白页，但一般在记录账页的最末一行的上下分别画一条红线，以示结束。此外，还应在会计档案案卷备考表中详细注明已使用账页的页数和空白页数。

会计业务量小的单位，账簿可以不贴口取纸；会计业务量大的单位，账簿上应贴口取纸，可以按一级科目或材料大类，按账页顺序由前往后，自上而下地粘贴。口取纸应该整齐，均匀，并能显露出科目名称。口取纸应在账簿的右侧粘贴，不要在上下两侧粘贴。账簿排架时应竖立放置，以便抽取时不损坏口取纸。

10.4 财务报告的组卷

1. 检查核对。会计报表装订前要按编报目录核对是否齐全。

2. 案卷组合。会计报表应分基层单位会计报告、汇总会计报告分别装订。年终决算报表要单独装订，季报和月报可根据张数的多少，装订成一卷或数卷。财务报告的文字材料是对会计报表的分析和说明，必须与会计报表组合到案卷，以保持其内容的密切联系。

3. 卷内报表排列。排列顺序为：①会计报表封面；②会计报表编制说明；③各种会计报表（按会计报表的编号顺序排列）；④财务报告的必要文字说明；⑤会计报表的封底。

4. 填写卷内目录和备考表。卷内目录栏目一般有：序号、财务报告名称、编报单位、填报日期等。备考表栏目一般有：卷内情况说明、组卷人、主管会计、组卷时间等。

5. 装订。按组合时分出的卷数采用三孔一线方式在财务报告左侧装订，结头在财务报告的背面。注意将财务报告的下边和左边对齐压平，防止折角，如有损坏部位应修补后进行装订。

6. 封面编目。装订后，贴上财务报告封面。封面下面栏目一般有：编号、密级、财务报告名称、编报单位、单位负责人、填报人、审核人、填报日期等；封面脊背栏目一般有：报告的年度、总页数、档号、保管期限等。为长久保存财务报告，最好将其放入卷盒内保管，并在脊背上填上档号等项目。

附 录

附录 A   会计报表

资 产 负 债 表

会企01表

编制单位：　　　　　　　　　　20　年　月　日

资产	行次	期末余额	年初余额	负债和所有者权益	行次	期末余额	年初余额
流动资产：	1			流动负债：	34		
货币资金	2		2 756 582.84	短期借款	35		1 634 500
交易性金融资产	3		120 000	交易性金融负债	36		
应收票据	4		552 600	应付票据	37		520 310
应收账款	5		922 870	应付账款	38		347 604
预付款项	6		24 675	预收款项	39		
应收利息	7			应付职工薪酬	40		45 347.50
应收股利	8			应交税费	41		26 141.50
其他应收款	9		13 500	应付利息	42		
存货	10		1 379 230	应付股利	43		
一年内到期的非流动资产	11			其他应付款	44		28 138
其他流动资产	12			一年内到期的非流动负债	45		
流动资产合计	13		5 769 457.84	其他流动负债	46		
非流动资产：	14			流动负债合计	47		2 602 041
可供出售金融资产	15			非流动负债：	48		
持有至到期投资	16		525 000	长期借款	49		
长期应收款	17			应付债券	50		434 948
长期股权投资	18			长期应付款	51		
投资性房地产	19			专项应付款	52		
固定资产	20		16 252 069	预计负债	53		

续表

资 产	行次	期末余额	年初余额	负债和所有者权益	行次	期末余额	年初余额
在建工程	21		358 000	递延所得税负债	54		
工程物资	22			其他非流动负债	55		
固定资产清理	23		85 142.13	非流动负债合计	56		434 948
生产性生物资产	24			负债合计	57		3 036 989
油气资产	25			所有者权益	58		
无形资产	26		150 357.87	实收资本（或股本）	59		20 000 000
开发支出	27			资本公积	60		29 000
商誉	28			减：库存股	61		
长期待摊费用	29			盈余公积	62		48 304.85
递延所得税资产	30			未分配利润	63		25 732.99
其他非流动资产	31			所有者权益合计	64		20 103 037.84
非流动资产合计	32		17 370 569		65		
资产总计	33		23 140 026.84	负债和所有者权益总计	66		23 140 026.84

利　润　表

编制单位：　　　　　　　　　　　　年　月　　　　　　　　　　　单位：元

项　目	本期金额	上期金额
一、营业收入		
减：营业成本		
营业税金及附加		
销售费用		
管理费用		
财务费用		
资产减值损失		
加：公允价值变动收益（损失以"-"号填列）		
投资收益（损失以"-"号填列）		
其中：对联营企业和合营企业的投资收益		
二、营业利润（亏损以"-"号填列）		
加：营业外收入		
减：营业外支出		
其中：非流动资产处置损失		
三、利润总额（亏损总额以"-"号填列）		
减：所得税费用		
四、净利润（净亏损以"-"号填列）		
五、每股收益：		
（一）基本每股收益		
（二）稀释每股收益		

现 金 流 量 表

纳税人编号：　　　　　　　纳税人识别号：

所属时期：20　年月至　　　20　年　月　　　　填表日期：　　　　　　　单位：元

项　　目	行次	本期金额	上期金额
一、经营活动产生的现金流量：	1		
销售商品、提供劳务收到的现金	2		
收到的税费返还	3		
收到其他与经营活动有关的现金	4		
经营活动现金流入小计	5		
购买商品、接受劳务支付的现金	6		
支付给职工以及为职工支付的现金	7		
支付的各项税费	8		
支付其他与经营活动有关的现金	9		
经营活动现金流出小计	10		
经营活动产生的现金流量净额	11		
二、投资活动产生的现金流量：	12		
收回投资收到的现金	13		
取得投资收益收到的现金	14		
处置固定资产、无形资产和其他长期资产收回的现金净额	15		
处置子公司及其他营业单位收到的现金净额	16		
收到其他与投资活动有关的现金	17		
投资活动现金流入小计	18		
购建固定资产、无形资产和其他长期资产支付的现金	19		
投资支付的现金	20		
取得子公司及其他营业单位支付的现金净额	21		
支付其他与投资活动有关的现金	22		
投资活动现金流出小计	23		
投资活动产生的现金流量净额	24		
三、筹资活动产生的现金流量：	25		
吸收投资收到的现金	26		
取得借款收到的现金	27		
收到其他与筹资活动有关的现金	28		
筹资活动现金流入小计	29		
偿还债务支付的现金	30		
分配股利、利润或偿付利息支付的现金	31		
支付其他与筹资活动有关的现金	32		
筹资活动现金流出小计	33		
筹资活动产生的现金流量净额	34		

项 目	行次	本期金额	上期金额
四、汇率变动对现金及现金等价物的影响	35		
五、现金及现金等价物净增加额	36		
加：期初现金及现金等价物余额	37		
六、期末现金及现金等价物余额	38		
补充资料			
1. 将净利润调节为经营活动现金流量：	39		
净利润	40		
加：资产减值准备	41		
固定资产折旧、油气资产折耗、生产性生物资产折旧	42		
无形资产摊销	43		
长期待摊费用摊销	44		
处置固定资产、无形资产和其他长期资产的损失（收益以"－"号填列）	45		
固定资产报废损失（收益以"－"号填列）	46		
公允价值变动损失（收益以"－"号填列）	47		
财务费用（收益以"－"号填列）	48		
投资损失（收益以"－"号填列）	49		
递延所得税资产减少（增加以"－"号填列）	50		
递延所得税负债增加（减少以"－"号填列）	51		
存货的减少（增加以"－"号填列）	52		
经营性应收项目的减少（增加以"－"号填列）	53		
经营性应付项目的增加（减少以"－"号填列）	54		
其他	55		
经营活动产生的现金流量净额	56		
2. 不涉及现金收支的重大投资和筹资活动：	57		
债务转为资本	58		
一年内到期的可转换公司债券	59		
融资租入固定资产	60		
3. 现金及现金等价物净变动情况：	61		
现金的期末余额	62		
减：现金的期初余额	63		
加：现金等价物的期末余额	64		
减：现金等价物的期初余额	65		
现金及现金等价物净增加额	66		

附录 B 纳税申报表

中华人民共和国企业所得税月（季）度预缴纳税申报表（A 类，2015 年版）

税款所属期间：　　年　月　日至　　年　月　日

纳税人识别号：□□□□□□□□□□□□□□□□□□

纳税人名称：

金额单位：　人民币元（列至角分）

行次	项　　目	本期金额	累计金额
1	一、按照实际利润额预缴		
2	营业收入		
3	营业成本		
4	利润总额		
5	加：特定业务计算的应纳税所得额		
6	减：不征税收入和税基减免应纳税所得额（请填附表 1）		
7	固定资产加速折旧（扣除）调减额（请填附表 2）		
8	弥补以前年度亏损		
9	实际利润额（4 行+5 行-6 行-7 行-8 行）		
10	税率（25%）		
11	应纳所得税额（9 行×10 行）		
12	减：减免所得税额（请填附表 3）		
13	实际已预缴所得税额	——	
14	特定业务预缴（征）所得税额		
15	应补（退）所得税额（11 行-12 行-13 行-14 行）	——	
16	减：以前年度多缴在本期抵缴所得税额		
17	本月（季）实际应补（退）所得税额	——	
18	二、按照上一纳税年度应纳税所得额平均额预缴		
19	上一纳税年度应纳税所得额	——	
20	本月（季）应纳税所得额（19 行×1/4 或 1/12）		
21	税率（25%）		
22	本月（季）应纳所得税额（20 行×21 行）		
23	减：减免所得税额（请填附表 3）		
24	本月（季）实际应纳所得税额（22 行-23 行）		
25	三、按照税务机关确定的其他方法预缴		
26	本月（季）税务机关确定的预缴所得税额		
27	总分机构纳税人		

续表

28	总机构	总机构分摊所得税额（15行或24行或26行×总机构分摊预缴比例）		
29		财政集中分配所得税额		
30		分支机构分摊所得税额（15行或24行或26行×分支机构分摊比例）		
31		其中：总机构独立生产经营部门应分摊所得税额		
32	分支机构	分配比例		
33		分配所得税额		

是否属于小型微利企业： 　　　是 □ 　　　　　否 □

　　谨声明：此纳税申报表是根据《中华人民共和国企业所得税法》、《中华人民共和国企业所得税法实施条例》和国家有关税收规定填报的，是真实的、可靠的、完整的。

　　　　　　　　　法定代表人（签字）： 　　　　　　年 月 日

纳税人公章： 会计主管： 填表日期： 年 月 日	代理申报中介机构公章： 经办人： 经办人执业证件号码： 代理申报日期： 年 月 日	主管税务机关受理专用章： 受理人： 受理日期： 年 月 日

增值税纳税申报表

（适用于一般纳税人）

根据《中华人民共和国增值税暂行条例》第二十二条和第二十三条的规定制定本表，纳税人不论有无销售额，均应按主管税务机关核定的纳税期限按期填报本表，并于次月一日起十日内，向当地税务机关申报。

税款所属时间：自　年　月　日至　年　月　日　　　填表日期：　年　月　日　　　金额单位：元至角分

纳税人识别号													所属行业：	
纳税人名称	（公章）		法定代表人姓名			注册地址			营业地址		
开户银行及账号				企业登记注册类型			电话号码			

项　目		栏次	一般货物及劳务		即征即退货物及劳务	
			本月数	本年累计	本月数	本年累计
销售额	（一）按适用税率征税货物及劳务销售额	1				
	其中：应税货物销售额	2				
	应税劳务销售额	3				
	纳税检查调整的销售额	4				
	（二）按简易征收办法征税货物销售额	5				
	其中：纳税检查调整的销售额	6				
	（三）免、抵、退办法出口货物销售额	7			——	——
	（四）免税货物及劳务销售额	8			——	——
	其中：免税货物销售额	9			——	——
	免税劳务销售额	10			——	——
税款计算	销项税额	11				
	进项税额	12				
	上期留抵税额	13		——		——
	进项税额转出	14				
	免抵退货物应退税额	15				
	按适用税率计算的纳税检查应补缴税额	16			——	——
	应抵扣税额合计	17＝12＋13－14－15＋16		——		——
	实际抵扣税额	18（如17＜11，则为17，否则为11）				
	应纳税额	19＝11－18				
	期末留抵税额	20＝17－18				
	简易征收办法计算的应纳税额	21				
	按简易征收办法计算的纳税检查应补缴税额	22				
	应纳税额减征额	23				
	应纳税额合计	24＝19＋21－23				

	期初未缴税额（多缴为负数）	25				
	实收出口开具专用缴款书退税额	26			——	——
	本期已缴税额	27＝28+29+30+31				
	（1）分次预缴税额	28		——		——
	（2）出口开具专用缴款书预缴税额	29		——		——
税款缴纳	（3）本期交纳上期应纳税额	30				
	（4）本期缴纳欠缴税额	31				
	期末未缴税额（多缴为负数）	32＝24+25+26-27				
	其中：欠缴税额（≥0）	33＝25+26-27			——	——
	本期应补（退）税额	34＝24-28-29			——	——
	即征即退实际退税额	35		——		
	期初未缴查补税额	36			——	——
	本期入库查补税额	37			——	——
	期末未缴查补税额	38＝16+22+36-37			——	——

授权声明	如果你已委托代理人申报，请填写以下资料： 为代理一切税务事宜，现授权 （地址）　　　　　　　　　为本纳税人的代理申报人，任何与本申报表有关的往来文件，都可寄与此人。 　　　　　　　授权人签字：	申报人声明	此纳税申报表是根据《中华人民共和国增值税暂行条例》的规定填报的，我相信它是真实的、可靠的、完整的。 　　　　　　　声明人签字：

以下由税务机关填写：　　　　　　接受人：　　　　　　　主管税务机关盖章：

收到日期：

城市维护建设税（教育费附加）申报表

申报单位名称					税款所属日期			年 月 日至 年 月 日		
计税依据	计税税额	城市维护建设税				教育费附加				
		税率	应纳税额	已纳税额	本期应补（退）税额	费率	应纳附加费	已纳附加费	本期应补（退）附加额	
增值税										
营业税										
消费税										
合　计										

附录C　银行余额调节表

银行余额调节表

单位名称：　　　　　　　　20 年　月　日

会计截止日期：　　　　　　编制人：　　　　　　　　日期：

账号：　　　　　　　　　　复核人：　　　　　　　　日期：

项　目	金　额	项　目	金　额
银行存款日记账余额：		银行对账单余额：	
加：银行已收企业未收款		加：企业已收银行未收款	
1.		1.	
2.		2.	
3.		3.	
减：银行已付企业未付款		减：企业已付银行未付款	
1.		1.	
2.		2.	
3.		3.	
调整后余额		调整后余额	

附录 D 实训用空白原始凭证

中国工商银行**进账单**　　　（回单或收账通知）1

20　年　月　日　　　　　第 1 号

付款人	全称		收款人	全称	
	账号			账号	
	开户银行			开户银行	工行凤山支行

人民币（大写）		千	百	十	万	千	百	十	元	角	分

票据种类	
票据张数	

单位主管　　会计　　复核　　记账

收款人开户银行盖章

中国工商银行**进账单**　　　（回单或收账通知）1

20　年　月　日　　　　　第 2 号

付款人	全称		收款人	全称	
	账号			账号	
	开户银行			开户银行	工行凤山支行

人民币（大写）		千	百	十	万	千	百	十	元	角	分

票据种类	
票据张数	

单位主管　　会计　　复核　　记账

收款人开户银行盖章

中国工商银行**进账单**　　　（回单或收账通知）1

20　年　月　日　　　　　第 3 号

付款人	全称		收款人	全称	
	账号			账号	
	开户银行			开户银行	工行凤山支行

人民币（大写）		千	百	十	万	千	百	十	元	角	分

票据种类	
票据张数	

单位主管　　会计　　复核　　记账

收款人开户银行盖章

中国工商银行**进账单** （回单或收账通知）1

20　年　月　日　　　　第 4 号

付款人	全称		收款人	全称											
	账号			账号											
	开户银行			开户银行	工行凤山支行										

人 民 币 （大写）		千	百	十	万	千	百	十	元	角	分

票据种类	
票据张数	

单位主管　　会计　　复核　　记账

收款人开户银行盖章

此联是收款人开户银行交给收款人的回单或收账通知

中国工商银行**进账单** （回单或收账通知）1

20　年　月　日　　　　第 5 号

付款人	全称		收款人	全称											
	账号			账号											
	开户银行			开户银行	工行凤山支行										

人 民 币 （大写）		千	百	十	万	千	百	十	元	角	分

票据种类	
票据张数	

单位主管　　会计　　复核　　记账

收款人开户银行盖章

此联是收款人开户银行交给收款人的回单或收账通知

中国工商银行**进账单** （回单或收账通知）1

20　年　月　日　　　　第 6 号

付款人	全称		收款人	全称											
	账号			账号											
	开户银行			开户银行	工行凤山支行										

人 民 币 （大写）		千	百	十	万	千	百	十	元	角	分

票据种类	
票据张数	

单位主管　　会计　　复核　　记账

收款人开户银行盖章

此联是收款人开户银行交给收款人的回单或收账通知

××省增值税专用发票

国家税务总局监制

开票日期: 20　年　月　日　　　　记 账 联　　　　　№006925601

购货单位	名　　称:													密码区	略								
	纳税人识别号:																						
	地址、电话:																						
	开户行及账号:																						

商品或劳务名称	计量单位	数　量	单价	金　　　　　额									税率%	税　　　额							
				百	十	万	千	百	十	元	角	分		十	万	千	百	十	元	角	分
合　计																					

价税合计（大写）	仟　佰　拾　万　仟　佰　拾　元　角　分	（小写）_____

销货单位	名　　称:	备注:
	纳税人识别号:	
	地址、电话:	
	开户银行及账号:	

收款人:　　　　　复核:　　　　　开票人:　　　　　销货单位:（章）

第四联　销货单位记账凭证

××省增值税专用发票

国家税务总局监制

开票日期: 20　年　月　日　　　　记 账 联　　　　　№006925602

购货单位	名　　称:													密码区	略								
	纳税人识别号:																						
	地址、电话:																						
	开户行及账号:																						

商品或劳务名称	计量单位	数　量	单价	金　　　　　额									税率%	税　　　额							
				百	十	万	千	百	十	元	角	分		十	万	千	百	十	元	角	分
合　计																					

价税合计（大写）	仟　佰　拾　万　仟　佰　拾　元　角　分	（小写）_____

销货单位	名　　称:	备注:
	纳税人识别号:	
	地址、电话:	
	开户银行及账号:	

收款人:　　　　　复核:　　　　　开票人:　　　　　销货单位:（章）

第四联　销货单位记账凭证

开票日期：20　　年　　月　　日　　　　　　　记 账 联　　　　　　　№006925603

购货单位	名　　称：		密码区	略	
	纳税人识别号：				
	地址、电话：				
	开户行及账号：				

商品或劳务名称	计量单位	数　量	单价	金　　　　额									税率%	税　　　额							
				百	十	万	千	百	十	元	角	分		十	万	千	百	十	元	角	分
合　计																					

价税合计（大写）	仟　佰　拾　万　仟　佰　拾　元　角　分　　　　　　　（小写）＿＿＿＿＿＿

销货单位	名　　称：	备注：
	纳税人识别号：	
	地址、电话：	
	开户银行及账号：	

收款人：　　　　　　复核：　　　　　　开票人：　　　　　　　　销货单位：（章）

开票日期：20　　年　　月　　日　　　　　　　记 账 联　　　　　　　№006925604

购货单位	名　　称：		密码区	略	
	纳税人识别号：				
	地址、电话：				
	开户行及账号：				

商品或劳务名称	计量单位	数　量	单价	金　　　　额									税率%	税　　　额							
				百	十	万	千	百	十	元	角	分		十	万	千	百	十	元	角	分
合　计																					

价税合计（大写）	仟　佰　拾　万　仟　佰　拾　元　角　分　　　　　　　（小写）＿＿＿＿＿＿

销货单位	名　　称：	备注：
	纳税人识别号：	
	地址、电话：	
	开户银行及账号：	

收款人：　　　　　　复核：　　　　　　开票人：　　　　　　　　销货单位：（章）

×× 省增值税专用发票

国家税务总局监制

记 账 联

开票日期：20 年 月 日　　　　　　　　　　　　　　　№006925605

购货单位	名　　称：					密码区		略								
	纳税人识别号：															
	地址、电话：															
	开户行及账号：															

商品或劳务名称	计量单位	数　量	单价	金　　　额									税率%	税　　额								
				百	十	万	千	百	十	元	角	分		十	万	千	百	十	元	角	分
合　计																					

价税合计（大写）	仟　佰　拾　万　仟　佰　拾　元　角　分	（小写）＿＿＿＿＿

销货单位	名　　称：		备注：
	纳税人识别号：		
	地址、电话：		
	开户银行及账号：		

收款人：　　　　　复核：　　　　　开票人：　　　　　　　销货单位：（章）

第四联　销货单位记账凭证

×× 省增值税专用发票

国家税务总局监制

记 账 联

开票日期：20 年 月 日　　　　　　　　　　　　　　　№006925606

购货单位	名　　称：					密码区		略								
	纳税人识别号：															
	地址、电话：															
	开户行及账号：															

商品或劳务名称	计量单位	数　量	单价	金　　　额									税率%	税　　额								
				百	十	万	千	百	十	元	角	分		十	万	千	百	十	元	角	分
合　计																					

价税合计（大写）	仟　佰　拾　万　仟　佰　拾　元　角　分	（小写）＿＿＿＿＿

销货单位	名　　称：		备注：
	纳税人识别号：		
	地址、电话：		
	开户银行及账号：		

收款人：　　　　　复核：　　　　　开票人：　　　　　　　销货单位：（章）

第四联　销货单位记账凭证

××省增值税专用发票

国家税务总局监制

开票日期：20   年   月   日   记 账 联   №006925607

<table>
<tr><td rowspan="4">购
货
单
位</td><td>名　　称：</td><td></td><td rowspan="4">密
码
区</td><td>略</td><td></td></tr>
<tr><td>纳税人识别号：</td><td></td><td></td><td></td></tr>
<tr><td>地址、电话：</td><td></td><td></td><td></td></tr>
<tr><td>开户行及账号：</td><td></td><td></td><td></td></tr>
</table>

<table>
<tr><td rowspan="2">商品或劳
务名称</td><td rowspan="2">计量
单位</td><td rowspan="2">数　量</td><td rowspan="2">单价</td><td colspan="8">金　　　额</td><td rowspan="2">税
率%</td><td colspan="7">税　　额</td></tr>
<tr><td>百</td><td>十</td><td>万</td><td>千</td><td>百</td><td>十</td><td>元</td><td>角</td><td>分</td><td>十</td><td>万</td><td>千</td><td>百</td><td>十</td><td>元</td><td>角</td><td>分</td></tr>
<tr><td></td><td></td><td></td><td></td><td></td><td></td><td></td><td></td><td></td><td></td><td></td><td></td><td></td><td></td><td></td><td></td><td></td><td></td><td></td><td></td><td></td></tr>
<tr><td></td><td></td><td></td><td></td><td></td><td></td><td></td><td></td><td></td><td></td><td></td><td></td><td></td><td></td><td></td><td></td><td></td><td></td><td></td><td></td><td></td></tr>
<tr><td>合　计</td><td></td><td></td><td></td><td></td><td></td><td></td><td></td><td></td><td></td><td></td><td></td><td></td><td></td><td></td><td></td><td></td><td></td><td></td><td></td><td></td></tr>
</table>

价税合计
（大写）　　　仟　佰　拾　万　仟　佰　拾　元　角　分　　　　（小写）_____

<table>
<tr><td rowspan="4">销
货
单
位</td><td>名　　称：</td><td></td><td>备注：</td></tr>
<tr><td>纳税人识别号：</td><td></td><td></td></tr>
<tr><td>地址、电话：</td><td></td><td></td></tr>
<tr><td>开户银行及账号：</td><td></td><td></td></tr>
</table>

收款人：　　　　　复核：　　　　　　开票人：　　　　　　　销货单位：（章）

第四联　销货单位记账凭证

××省增值税专用发票

国家税务总局监制

开票日期：20   年   月   日   记 账 联   №006925608

<table>
<tr><td rowspan="4">购
货
单
位</td><td>名　　称：</td><td></td><td rowspan="4">密
码
区</td><td>略</td><td></td></tr>
<tr><td>纳税人识别号：</td><td></td><td></td><td></td></tr>
<tr><td>地址、电话：</td><td></td><td></td><td></td></tr>
<tr><td>开户行及账号：</td><td></td><td></td><td></td></tr>
</table>

<table>
<tr><td rowspan="2">商品或劳
务名称</td><td rowspan="2">计量
单位</td><td rowspan="2">数　量</td><td rowspan="2">单价</td><td colspan="8">金　　　额</td><td rowspan="2">税
率%</td><td colspan="7">税　　额</td></tr>
<tr><td>百</td><td>十</td><td>万</td><td>千</td><td>百</td><td>十</td><td>元</td><td>角</td><td>分</td><td>十</td><td>万</td><td>千</td><td>百</td><td>十</td><td>元</td><td>角</td><td>分</td></tr>
<tr><td></td><td></td><td></td><td></td><td></td><td></td><td></td><td></td><td></td><td></td><td></td><td></td><td></td><td></td><td></td><td></td><td></td><td></td><td></td><td></td><td></td></tr>
<tr><td></td><td></td><td></td><td></td><td></td><td></td><td></td><td></td><td></td><td></td><td></td><td></td><td></td><td></td><td></td><td></td><td></td><td></td><td></td><td></td><td></td></tr>
<tr><td>合　计</td><td></td><td></td><td></td><td></td><td></td><td></td><td></td><td></td><td></td><td></td><td></td><td></td><td></td><td></td><td></td><td></td><td></td><td></td><td></td><td></td></tr>
</table>

价税合计
（大写）　　　仟　佰　拾　万　仟　佰　拾　元　角　分　　　　（小写）_____

<table>
<tr><td rowspan="4">销
货
单
位</td><td>名　　称：</td><td></td><td>备注：</td></tr>
<tr><td>纳税人识别号：</td><td></td><td></td></tr>
<tr><td>地址、电话：</td><td></td><td></td></tr>
<tr><td>开户银行及账号：</td><td></td><td></td></tr>
</table>

收款人：　　　　　复核：　　　　　　开票人：　　　　　　　销货单位：（章）

第四联　销货单位记账凭证

××省增值税专用发票

国家税务总局监制

开票日期：20 年 月 日　　　　　记 账 联　　　　　　　　　　№006925609

购货单位	名　称：	密码区	略
	纳税人识别号：		
	地址、电话：		
	开户行及账号：		

商品或劳务名称	计量单位	数量	单价	金　　额									税率%	税　　额							
				百	十	万	千	百	十	元	角	分		十	万	千	百	十	元	角	分
合　计																					

价税合计（大写）	仟　佰　拾　万　仟　佰　拾　元　角　分	（小写）＿＿＿＿＿＿

销货单位	名　称：	备注：
	纳税人识别号：	
	地址、电话：	
	开户银行及账号：	

收款人：　　　　复核：　　　　开票人：　　　　　　销货单位：（章）

第四联　销货单位记账凭证

××省增值税专用发票

国家税务总局监制

开票日期：20 年 月 日　　　　　记 账 联　　　　　　　　　　№006925610

购货单位	名　称：	密码区	略
	纳税人识别号：		
	地址、电话：		
	开户行及账号：		

商品或劳务名称	计量单位	数量	单价	金　　额									税率%	税　　额							
				百	十	万	千	百	十	元	角	分		十	万	千	百	十	元	角	分
合　计																					

价税合计（大写）	仟　佰　拾　万　仟　佰　拾　元　角　分	（小写）＿＿＿＿＿＿

销货单位	名　称：	备注：
	纳税人识别号：	
	地址、电话：	
	开户银行及账号：	

收款人：　　　　复核：　　　　开票人：　　　　　　销货单位：（章）

第四联　销货单位记账凭证

293

托收承付 凭证（回单）1

<table>
<tr><td rowspan="2">承付期限</td></tr>
<tr><td>到期 20　年　月　日</td></tr>
</table>

委托日期　20　年　月　日

收款单位	全　称		付款单位	全　称	
	账号或地址			账号或地址	
	开户银行			开户银行	行号

委收金额	人民币（大写）					千	百	十	万	千	百	十	元	角	分

附　件		商品发运情况	合同名称号码
附寄单证张数或册数			

备注：	付款人注意： （略）

单位主管　　会计　复核　记账　　　付款人开户行盖章 20　年　月　日

此联是开户行交给收款单位的回单

托收承付 凭证（回单）1

<table>
<tr><td>承付期限</td></tr>
<tr><td>到期 20　年　月　日</td></tr>
</table>

委托日期　20　年　月　日

收款单位	全　称		付款单位	全　称	
	账号或地址			账号或地址	
	开户银行			开户银行	行号

委收金额	人民币（大写）					千	百	十	万	千	百	十	元	角	分

附　件		商品发运情况	合同名称号码
附寄单证张数或册数			

备注：	付款人注意： （略）

单位主管　　会计　复核　记账　　　付款人开户行盖章 20　年　月　日

此联是开户行交给收款单位的回单

295

托收承付 凭证（回单）1

委托日期 20 年 月 日

承付期限

到期 20 年 月 日

收款单位	全　称		付款单位	全　称										
	账号或地址			账号或地址										
	开户银行			开户银行							行号			
委收金额	人民币（大写）					千	百	十	万	千	百	十	元	角	分

附　件		商品发运情况	合同名称号码
附寄单证张数或册数			

备注：	付款人注意：
	（略）

单位主管　　　会计　　复核　　记账　　　　付款人开户行盖章 20 年 月 日

托收承付 凭证（回单）1

委托日期 20 年 月 日

承付期限

到期 20 年 月 日

收款单位	全　称		付款单位	全　称										
	账号或地址			账号或地址										
	开户银行			开户银行							行号			
委收金额	人民币（大写）					千	百	十	万	千	百	十	元	角	分

附　件		商品发运情况	合同名称号码
附寄单证张数或册数			

备注：	付款人注意：
	（略）

单位主管　　　会计　　复核　　记账　　　　付款人开户行盖章 20 年 月 日

此联是开户行交给收款单位的回单

收 据

20   年   月   日

缴款单位（人）				
款项内容		收款方式		
人民币（大写）		¥		
备注		交款人签章		收款人签章

核准　　　　　　会计　　　　　记账　　　　　出纳

三　记账

收 据

20   年   月   日

缴款单位（人）				
款项内容		收款方式		
人民币（大写）		¥		
备注		交款人签章		收款人签章

核准　　　　　　会计　　　　　记账　　　　　出纳

三　记账

收 据

20   年   月   日

缴款单位（人）				
款项内容		收款方式		
人民币（大写）		¥		
备注		交款人签章		收款人签章

核准　　　　　　会计　　　　　记账　　　　　出纳

三　记账

收　　据

20　　年　　月　　日

缴款单位（人）					
款项内容			收款方式		
人民币（大写）			¥		
备注		交款人签章		收款人签章	

核准　　　　　　会计　　　　记账　　　　出纳

三　记账

收　　据

20　　年　　月　　日

缴款单位（人）					
款项内容			收款方式		
人民币（大写）			¥		
备注		交款人签章		收款人签章	

核准　　　　　　会计　　　　记账　　　　出纳

三　记账

工商银行现金支票

0010031081

付款行名称：

出票人账号：

	千	百	十	万	千	百	十	元	角	分

本支票付款期限十天

出票日期（大写）贰零   年   月   日

收款人：

人民币
（大写）

用途

上列款项请从
我账户内支付
出票人签章

复核   记账

现金支票存根
0010031081

附加信息

出票日期   年   月   日

收款人：

金　额：

用　途：

单位主管   会计

工商银行现金支票

0010031082

付款行名称：

出票人账号：

	千	百	十	万	千	百	十	元	角	分

本支票付款期限十天

出票日期（大写）贰零   年   月   日

收款人：

人民币
（大写）

用途

上列款项请从
我账户内支付
出票人签章

复核   记账

现金支票存根
0010031082

附加信息

出票日期   年   月   日

收款人：

金　额：

用　途：

单位主管   会计

303

工商银行现金支票

0010031083

出票日期（大写）贰零　　年　　月　　日

付款行名称：

出票人账号：

收款人：

人民币
（大写）

千	百	十	万	千	百	十	元	角	分

用　途

上列款项请从
我账户内支付

出票人签章

复核　　　记账

本
支
票
付
款
期
限
十
天

现金支票存根
0010031083

附加信息

出票日期　　年　　月　　日

收款人：

金　额：

用　途：

单位主管　　会计

工商银行现金支票

0010031084

出票日期（大写）贰零　　年　　月　　日

付款行名称：

出票人账号：

收款人：

人民币
（大写）

千	百	十	万	千	百	十	元	角	分

用　途

上列款项请从
我账户内支付

出票人签章

复核　　　记账

本
支
票
付
款
期
限
十
天

现金支票存根
0010031084

附加信息

出票日期　　年　　月　　日

收款人：

金　额：

用　途：

单位主管　　会计

工商银行现金支票

0010031085

本支票
出票日期（大写）贰零　　　年　　月　　日　　付款行名称：

收款人：　　　　　　　　　　　　　　出票人账号：

付款　人民币
（大写）

千	百	十	万	千	百	十	元	角	分

期限十天

用途

上列款项请从
我账户内支付

出票人签章

复核　　　　记账

现金支票存根
0010031085

附加信息

出票日期　　　年　　月　　日

收款人：

金　额：

用　途：

单位主管　　　合计

工商银行现金支票

0010031086

本支票
出票日期（大写）贰零　　　年　　月　　日　　付款行名称：

收款人：　　　　　　　　　　　　　　出票人账号：

付款　人民币
（大写）

千	百	十	万	千	百	十	元	角	分

期限十天

用途

上列款项请从
我账户内支付

出票人签章

复核　　　　记账

现金支票存根
0010031086

附加信息

出票日期　　　年　　月　　日

收款人：

金　额：

用　途：

单位主管　　　合计

307

工商银行转账支票

0010052020

转账支票存根 0010052020	本 支 票 付 款 期 限 十 天	出票日期（大写）贰零　　年　　月　　日											
附加信息		收款人：											
		付款行名称：											
		出票人账号：											
出票日期　年　月　日		人民币 （大写）	千	百	十	万	千	百	十	元	角	分	
收款人：													
金　额：		用途											
用　途：		上列款项请从 我账户内支付											
		出票人签章											
单位主管　　会计		复核　　　记账											

工商银行转账支票

0010052021

转账支票存根 0010052021	本 支 票 付 款 期 限 廿 天	出票日期（大写）贰零　　年　　月　　日											
附加信息		收款人：											
		付款行名称：											
		出票人账号：											
出票日期　年　月　日		人民币 （大写）	千	百	十	万	千	百	十	元	角	分	
收款人：													
金　额：		用途											
用　途：		上列款项请从 我账户内支付											
		出票人签章											
单位主管　　会计		复核　　　记账											

309

工商银行转账支票

0010052022

付款行名称：

出票人账号：

出票日期（大写）贰零　　　年　　　月　　　日

收款人：

人民币
（大写）

千	百	十	万	千	百	十	元	角	分

用途

上列款项请从
我账户内支付

出票人签章

复核　　　记账

转账支票存根
0010052022

附加信息

出票日期　年　月　日

收款人：

金　额：

用　途：

单位主管　　会计

工商银行转账支票

0010052023

付款行名称：

出票人账号：

出票日期（大写）贰零　　　年　　　月　　　日

收款人：

人民币
（大写）

千	百	十	万	千	百	十	元	角	分

用途

上列款项请从
我账户内支付

出票人签章

复核　　　记账

转账支票存根
0010052023

附加信息

出票日期　年　月　日

收款人：

金　额：

用　途：

单位主管　　会计

本支票付款期限十天

工商银行转账支票

0010052024

转账支票存根
0010052024

附加信息

出票日期   年   月   日
收款人：
金   额：
用   途：

单位主管   会计

本   出票日期（大写）贰零   年   月   日
支   付款行名称：
票   收款人：
付   出票人账号：
款   人民币
期   （大写）
限
十   用途
天   上列款项请从
我账户内支付
出票人签章

		千	百	十	万	千	百	十	元	角	分

复核   记账

工商银行转账支票

0010052025

转账支票存根
0010052025

附加信息

出票日期   年   月   日
收款人：
金   额：
用   途：

单位主管   会计

本   出票日期（大写）贰零   年   月   日
支   付款行名称：
票   收款人：
付   出票人账号：
款   人民币
期   （大写）
限
十   用途
天   上列款项请从
我账户内支付
出票人签章

		千	百	十	万	千	百	十	元	角	分

复核   记账

工商银行转账支票

0010052026

转账支票存根
0010052026

附加信息

出票日期　年　月　日
收款人：
金　额：
用　途：

单位主管　　会计

本支票付款期限十天

出票日期（大写）贰零　　年　　月　　日

收款人：

人民币
（大写）

用途
上列款项请从
我账户内支付
出票人签章

付款行名称：

出票人账号：

千	百	十	万	千	百	十	元	角	分

复核　　记账

工商银行转账支票

0010052027

转账支票存根
0010052027

附加信息

出票日期　年　月　日
收款人：
金　额：
用　途：

单位主管　　会计

本支票付款期限十天

出票日期（大写）贰零　　年　　月　　日

收款人：

人民币
（大写）

用途
上列款项请从
我账户内支付
出票人签章

付款行名称：

出票人账号：

千	百	十	万	千	百	十	元	角	分

复核　　记账

工商银行转账支票

0010052028

		千	百	十	万	千	百	十	元	角	分

付款行名称：

出票人账号：

出票日期（大写）贰零　　年　　月　　日

收款人：

人民币
（大写）

用途

上列款项请从
我账户内支付
出票人签章

复核　　记账

本支票付款期限十天

转账支票存根
0010052028

附加信息

出票日期　年　月　日

收款人：

金　额：

用　途：

单位主管　　会计

工商银行转账支票

0010052029

		千	百	十	万	千	百	十	元	角	分

付款行名称：

出票人账号：

出票日期（大写）贰零　　年　　月　　日

收款人：

人民币
（大写）

用途

上列款项请从
我账户内支付
出票人签章

复核　　记账

本支票付款期限十天

转账支票存根
0010052029

附加信息

出票日期　年　月　日

收款人：

金　额：

用　途：

单位主管　　会计

工商银行转账支票

0010052030

转账支票存根
0010052030

附加信息_____

出票日期　年　月　日

收款人：

金额：

用途：

单位主管　会计

出票日期（大写）贰零　年　月　日　付款行名称：

收款人：　　　　　　　　　　　　　　出票人账号：

人民币
（大写）

	千	百	十	万	千	百	十	元	角	分

用途_____

上列款项请从
我账户内支付

出票人签章

本支票付款期限十天

复核　　记账

工商银行转账支票

0010052031

转账支票存根
0010052031

附加信息_____

出票日期　年　月　日

收款人：

金额：

用途：

单位主管　会计

出票日期（大写）贰零　年　月　日　付款行名称：

收款人：　　　　　　　　　　　　　　出票人账号：

人民币
（大写）

	千	百	十	万	千	百	十	元	角	分

用途_____

上列款项请从
我账户内支付

出票人签章

本支票付款期限十天

复核　　记账

工商银行转账支票

0010052032

付款行名称：

出票人账号：

出票日期（大写）贰零   年   月   日

收款人：

人民币
（大写）

千	百	十	万	千	百	十	元	角	分

用途

上列款项请从
我账户内支付

出票人签章

复核   记账

工商银行转账支票

0010052033

付款行名称：

出票人账号：

出票日期（大写）贰零   年   月   日

收款人：

人民币
（大写）

千	百	十	万	千	百	十	元	角	分

用途

上列款项请从
我账户内支付

出票人签章

复核   记账

工商银行转账支票

0010052034

转账支票存根
0010052034

附加信息

出票日期　年　月　日
收款人：
金　额：
用　途：

单位主管　会计

出票日期（大写）贰零　年　月　日　付款行名称：
收款人：　　　　　　　　　　　　出票人账号：
人民币
（大写）

千	百	十	万	千	百	十	元	角	分

用途
上列款项请从
我账户内支付
出票人签章

复核　　记账

本支票付款期限十天

工商银行转账支票

0010052035

转账支票存根
0010052035

附加信息

出票日期　年　月　日
收款人：
金　额：
用　途：

单位主管　会计

出票日期（大写）贰零　年　月　日　付款行名称：
收款人：　　　　　　　　　　　　出票人账号：
人民币
（大写）

千	百	十	万	千	百	十	元	角	分

用途
上列款项请从
我账户内支付
出票人签章

复核　　记账

本支票付款期限十天

转账支票存根
0010052036

工商银行转账支票

0010052036

附加信息

出票日期 （大写） 年 月 日

出票日期（大写） 贰零 年 月 日

收款人：

收款人：

本支票付款期限十天

人民币
（大写）

出票人账号：

付款行名称：

千	百	十	万	千	百	十	元	角	分

出票日期	年	月	日
收款人：			
金　额：			
用　途：			

用途

上列款项请从
我账户内支付

出票人签章

复核　　记账

单位主管　　会计

转账支票存根
0010052037

工商银行转账支票

0010052037

附加信息

出票日期 （大写） 年 月 日

出票日期（大写） 贰零 年 月 日

收款人：

收款人：

本支票付款期限十天

人民币
（大写）

出票人账号：

付款行名称：

千	百	十	万	千	百	十	元	角	分

出票日期	年	月	日
收款人：			
金　额：			
用　途：			

用途

上列款项请从
我账户内支付

出票人签章

复核　　记账

单位主管　　会计

工商银行转账支票

0010052038

付款行名称：

出票人账号：

出票日期（大写）贰零　　　年　　　月　　　日

收款人：

人民币
（大写）

	千	百	十	万	千	百	十	元	角	分

用途

上列款项请从
我账户内支付

出票人签章

复核　　　记账

本
支
票
付
款
期
限
十
天

转账支票存根
0010052038

附加信息

出票日期　　　年　　月　　日

收款人：

金　额：

用　途：

单位主管　　会计

工商银行转账支票

0010052039

付款行名称：

出票人账号：

出票日期（大写）贰零　　　年　　　月　　　日

收款人：

人民币
（大写）

	千	百	十	万	千	百	十	元	角	分

用途

上列款项请从
我账户内支付

出票人签章

复核　　　记账

本
支
票
付
款
期
限
十
天

转账支票存根
0010052039

附加信息

出票日期　　　年　　月　　日

收款人：

金　额：

用　途：

单位主管　　会计

工商银行转账支票 0010052040

转账支票存根
0010052040

附加信息

出票日期　　年　月　日
收款人：
金　额：
用　途：

单位主管　　会计

工商银行转账支票

付款行名称：
出票人账号：

出票日期（大写）贰零　　年　月　日

收款人：

人民币
（大写）

	千	百	十	万	千	百	十	元	角	分

用途

上列款项请从
我账户内支付

出票人签章

复核　　记账

本
支
票
付
款
期
限
十
天

工商银行转账支票 0010052041

转账支票存根
0010052041

附加信息

出票日期　　年　月　日
收款人：
金　额：
用　途：

单位主管　　会计

工商银行转账支票

付款行名称：
出票人账号：

出票日期（大写）贰零　　年　月　日

收款人：

人民币
（大写）

	千	百	十	万	千	百	十	元	角	分

用途

上列款项请从
我账户内支付

出票人签章

复核　　记账

本
支
票
付
款
期
限
十
天

329

工商银行转账支票

0010052042

出票日期（大写）贰零　　年　　月　　日　　付款行名称：

收款人：

出票人账号：

人民币
（大写）

	千	百	十	万	千	百	十	元	角	分

用途

上列款项请从
我账户内支付

出票人签章

复核　　记账

转账支票存根
0010052042

附加信息

出票日期	年	月	日

收款人：

金　额：

用　途：

单位主管　　会计

本
支
票
付
款
期
限
十
天

工商银行转账支票

0010052043

出票日期（大写）贰零　　年　　月　　日　　付款行名称：

收款人：

出票人账号：

人民币
（大写）

	千	百	十	万	千	百	十	元	角	分

用途

上列款项请从
我账户内支付

出票人签章

复核　　记账

转账支票存根
0010052043

附加信息

出票日期	年	月	日

收款人：

金　额：

用　途：

单位主管　　会计

本
支
票
付
款
期
限
十
天

331

附录E 材料采购明细账、材料成本差异明细账

材料采购　明细账

明细账户：

年		凭证		发票号	供货单位	摘要	借方			合计
月	日	字	号				买价	运杂费	其他	

年		凭证		收料单号	摘要	贷方		
月	日	字	号			计划成本	成本差异	合计

材料成本差异 明细账

明细账户：

年		凭证		摘要	本月收入				差异率	本月发出			月末结存			
月	日	字	号		计划成本	成本差异				计划成本	成本差异		计划成本	成本差异		
						超支	节约							超支	节约	

材料成本差异 明细账

明细账户：

年		凭证		摘 要	本月收入			差异率	本月发出		月末结存		
月	日	字	号		计划成本	成本差异			计划成本	成本差异	计划成本	成本差异	
						超支	节约					超支	节约

参考文献

［1］赵国忠，财务会计操作实务［M］．北京：中国人民大学出版社，2003.

［2］任延冬，孙志芳．新编会计综合实训［M］．大连：大连理工大学出版社，2004.

［3］刘喜波，崔莉莉．会计综合模拟实训［M］．北京：机械工业出版社，2007.

［4］孙万军．会计岗位综合实训［M］．北京：高等教育出版社，2011.

［5］梁伟样．税费计算与申报实训［M］．北京：高等教育出版社，2011.